コミック版 日本の歴史62

幕末・維新人物伝

島津斉彬

Nariakira Shimazu

Legendary Heroes of The End of shogunate and The Meiji Restoration

企画・構成・監修：加来耕三
原作：水谷俊樹
作画：中島健志

《おもな登場人物》

島津《しまづ》忠教《ただゆき》(久光《ひさみつ》)

斉彬《なりあきら》の異母弟《いぼてい》。英明《えいめい》な兄《あに》に心酔《しんすい》し、その力《ちから》になりたいと考《かんが》えている。しかし、父《ちち》・斉興《なりおき》たちが、忠教《ただゆき》を次期《じき》藩主《はんしゅ》にしようと画策《かくさく》したため、薩摩《さつま》にお家騒動《いえそうどう》が起《お》こる。

西郷《さいごう》吉之助《きちのすけ》(隆盛《たかもり》)

薩摩藩士《さつまはんし》。下級藩士《かきゅうはんし》ながらも、斉彬《なりあきら》にその能力《のうりょく》を認《みと》められる。斉彬《なりあきら》の側近《そばちか》くに仕《つか》え、情報《じょうほう》収集《しゅうしゅう》や各藩《かくはん》・朝廷《ちょうてい》との調整役《ちょうせいやく》を務《つと》める。やがて明治維新《めいじいしん》の中心《ちゅうしん》人物《じんぶつ》となる。

阿部正弘《あべまさひろ》

幕府老中首座《ばくふろうじゅうしゅざ》。福山藩主《ふくやまはんしゅ》。斉彬《なりあきら》の英明《えいめい》さと先見性《せんけんせい》を見抜《みぬ》いて、藩主《はんしゅ》就任前《しゅうにんまえ》から、政治《せいじ》や外交《がいこう》の問題《もんだい》を相談《そうだん》する。また、斉興《なりおき》に圧力《あつりょく》をかけ、斉彬《なりあきら》の藩主就任《はんしゅしゅうにん》を支援《しえん》する。

島津《しまづ》斉彬《なりあきら》

薩摩藩《さつまはん》11代藩主《だいはんしゅ》。非常《ひじょう》に英明《えいめい》で、海外情勢《かいがいじょうせい》にも広《ひろ》く目《め》を向《む》ける開明的《かいめいてき》な人物《じんぶつ》。だが、保守的《ほしゅてき》な父《ちち》・斉興《なりおき》に疎《うと》まれ、なかなか藩主《はんしゅ》の座《ざ》に就《つ》けずにいた。欧米列強《おうべいれっきょう》から日本《にほん》を守《まも》るための、新《あたら》しい政治《せいじ》と外交《がいこう》のあり方《かた》を早《はや》くから構想《こうそう》する。

周子《かねこ》

斉彬《なりあきら》の母《はは》で、斉興《なりおき》の正室《せいしつ》。大名《だいみょう》の夫人《ふじん》には珍《めずら》しく、自《みずか》らの乳《ちち》で斉彬《なりあきら》を育《そだ》てる。斉彬《なりあきら》に英才《えいさい》教育《きょういく》を施《ほどこ》すが、斉彬《なりあきら》が16歳《さい》の時《とき》に亡《な》くなる。

島津《しまづ》重豪《しげひで》

斉彬《なりあきら》の曾祖父《そうそふ》。薩摩藩《さつまはん》8代藩主《だいはんしゅ》。隠居《いんきょ》後《ご》も藩《はん》の実権《じっけん》を握《にぎ》る。開明的《かいめいてき》で西洋《せいよう》の学問《がくもん》を好《この》む。英明《えいめい》な斉彬《なりあきら》に期待《きたい》し、大《おお》きな影響《えいきょう》を与《あた》えた。

島津斉興《しまづなりおき》

斉彬《なりあきら》の父《ちち》。薩摩藩《さつまはん》10代《だい》藩主《はんしゅ》。開明的《かいめいてき》で自分《じぶん》に意見《いけん》する斉彬《なりあきら》を疎《うと》ましく思《おも》っている。次代藩《じだいはん》主《しゅ》を、斉彬《なりあきら》でなく弟《おとうと》の忠教《ただゆき》にしようとする。

篤姫《あつひめ》

斉彬《なりあきら》の養女《ようじょ》。13代将軍《だいしょうぐん》・徳川家定《とくがわいえさだ》の正室《せいしつ》として大奥《おおおく》に入《はい》る。次《つぎ》の将軍《しょうぐん》を一橋慶喜《ひとつばしよしのぶ》にするよう家定《いえさだ》に働《はたら》きかけることを斉彬《なりあきら》に託《たく》される。

お由羅《ゆら》

忠教《ただゆき》の母《はは》で、斉興《なりおき》の側《そく》室《しつ》。忠教《ただゆき》を次期藩主《じきはんしゅ》にしようと野心《やしん》を持《も》つ。斉彬《なりあきら》の病《やまい》や、子《こ》が次々《つぎつぎ》に死《し》ぬのは、お由羅《ゆら》の呪《のろ》いだと噂《うわさ》になる。

松平慶永《まつだいらよしなが》(春嶽《しゅんがく》)

福井藩主《ふくいはんしゅ》。阿部《あべ》と親《した》しく、斉彬《なりあきら》とともにその相談相手《そうだんあいて》となる。斉彬《なりあきら》の英明《えいめい》さを深《ふか》く理解《りかい》し、外様大名《とざまだいみょう》も幕政《ばくせい》に参加《さんか》すべきと考《かんが》える。

調所広郷《ずしょひろさと》

薩摩藩家老《さつまはんかろう》。藩《はん》の財政《ざいせい》再建《さいけん》を行《おこな》う。膨大《ぼうだい》な借《しゃく》財《ざい》は重豪《しげひで》の西洋好《せいようず》きが原因《げんいん》と考《かんが》え、重豪似《しげひでに》の斉彬《なりあきら》を次期藩主《じきはんしゅ》の座《ざ》から排除《はいじょ》しようとする。

勝海舟《かつかいしゅう》

長崎海軍伝習所《ながさきかいぐんでんしゅうじょ》に所属《しょぞく》する旗本《はたもと》。斉彬《なりあきら》とは旧《きゅう》知《ち》の仲《なか》。ヤパン号《ごう》で薩《さつ》摩《ま》を訪《おとず》れる。先進的《せんしんてき》な考《かんが》えを持《も》ち、のちに西《さい》郷《ごう》らに影響《えいきょう》を与《あた》える。

井伊直弼《いいなおすけ》

彦根藩主《ひこねはんしゅ》。次《つぎ》の将軍《しょうぐん》を紀州藩主《きしゅうはんしゅ》の徳川慶福《とくがわよしとみ》にしようと考《かんが》え、阿部正《あべまさ》弘《ひろ》や斉彬《なりあきら》たちと対立《たいりつ》する。阿部《あべ》死去《しきょ》ののち、大老《たいろう》となる。

中浜《なかはま》(ジョン) 万次郎《まんじろう》

土佐《とさ》の元漁師《もとりょうし》。少年時《しょうねんじ》代《だい》に漂流《ひょうりゅう》し、アメリカ船《せん》に救助《きゅうじょ》される。アメリカで教育《きょういく》を受《う》け成《せい》長《ちょう》。日本《にほん》へ帰国《きこく》し薩摩《さつま》藩《はん》の取調《とりしら》べを受《う》ける。

コミック版《ばん》 日本《にほん》の歴史《れきし》62

幕末《ばくまつ》・維新人物伝《いしんじんぶつでん》

島津斉彬《しまづなりあきら》

もくじ

※この作品《さくひん》は、歴史文献《れきしぶんけん》をもとにまんがとして再構成《さいこうせい》したものです。
※本編《ほんぺん》では、人物《じんぶつ》の年齢表記《ねんれいひょうき》はすべて数《かぞ》え年《どし》とします。
※本編《ほんぺん》では、人物《じんぶつ》の幼名《ようみょう》など、名前《なまえ》を一部省略《いちぶしょうりゃく》しております。

蘭癖…オランダおよび西洋の学問(蘭学)を熱心に学ぶこと。西洋趣味。

鳳雛…伝説の鳥《とり》・鳳凰《ほうおう》の雛《ひな》。転《てん》じて、英才《えいさい》な若者《わかもの》のこと。

第《だい》一章《しょう》　蘭癖《らんぺき》と鳳雛《ほうすう》

文化《ぶんか》六(1809)年《ねん》九月《がつ》二十八日《にち》
島津斉彬《しまづなりあきら》は江戸《えど》・芝《しば》の薩摩藩邸《さつまはんてい》で生《う》まれた
ちゅう
ちゅう
邦丸《くにまる》(のちの斉彬《なりあきら》)

芝《しば》…現在《げんざい》の東京都港区芝《とうきょうとみなとくしば》。

薩摩藩《さつまはん》…現在《げんざい》の鹿児島県鹿児島市《かごしまけんかごしまし》に藩庁《はんちょう》(役所《やくしょ》)を置《お》いた藩《はん》。

正室《せいしつ》……身分《みぶん》の高《たか》い人《ひと》の正妻《せいさい》。

鶴丸城…現在の鹿児島県鹿児島市にあった城。鹿児島城とも。

薩摩《さつま》…現在《げんざい》の鹿児島県西部《かごしまけんせいぶ》。

側室《そくしつ》…身分《みぶん》の高《たか》い人《ひと》の正妻以外《せいさいいがい》の妻《つま》。

宗家《そうけ》…一族《いちぞく》の中心《ちゅうしん》となる家《いえ》。本家《ほんけ》。

高輪《たかなわ》…現在《げんざい》の東京都港区高輪《とうきょうとみなとくたかなわ》。薩摩藩下屋敷《さつまはんしもやしき》があった。

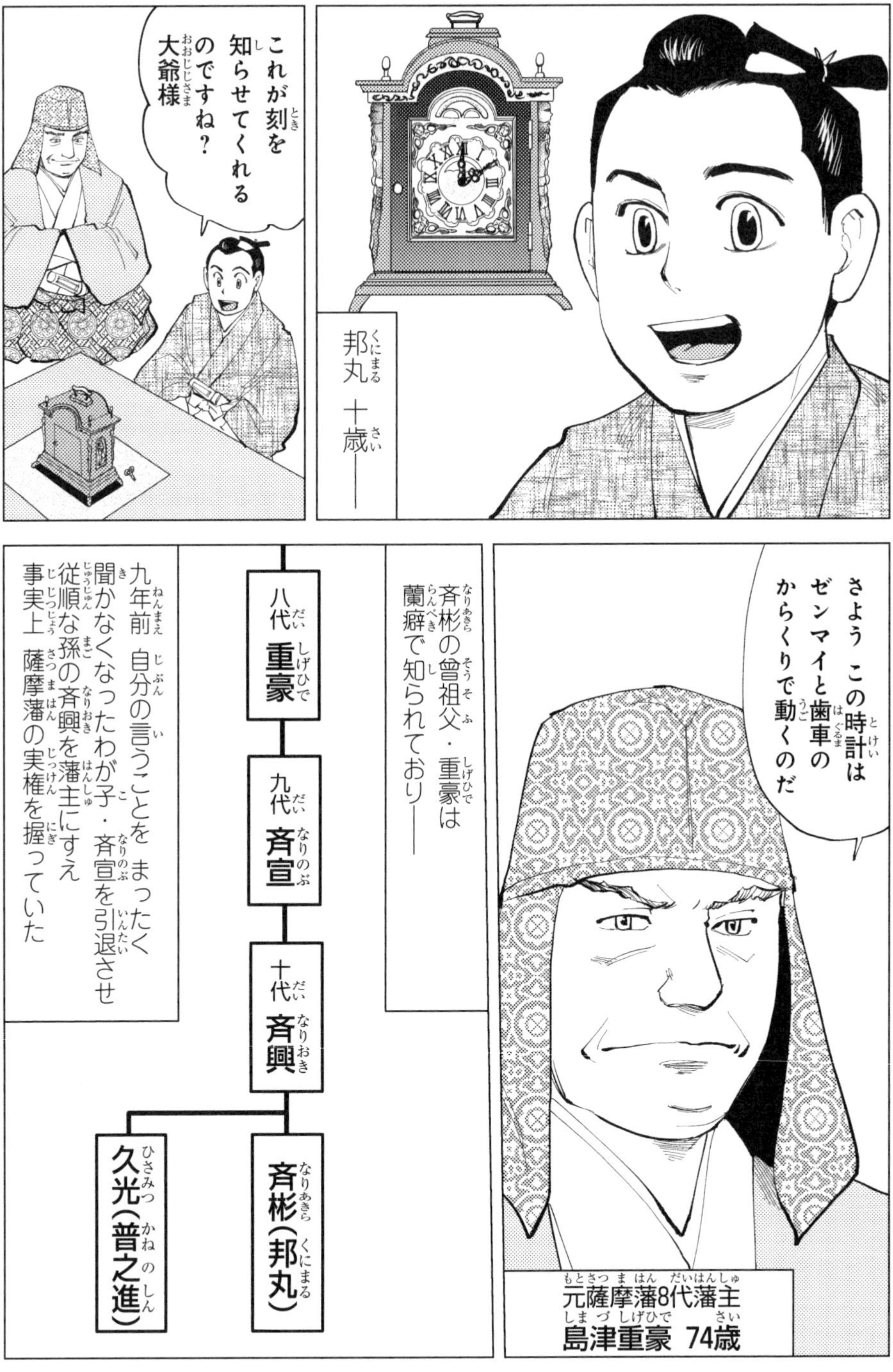

邦丸《くにまる》 十歳《さい》──
これが刻《とき》を知《し》らせてくれるのですね？ 大爺様《おおじじさま》
さよう この時計《とけい》は ゼンマイと歯車《はぐるま》の からくりで動《うご》くのだ
元《もと》薩摩藩《さつまはん》8代《だい》藩主《はんしゅ》
島津重豪《しまづしげひで》 74歳《さい》
斉彬《なりあきら》の曾祖父《そうそふ》・重豪《しげひで》は 蘭癖《らんぺき》で知《し》られており──
八代《だい》 重豪《しげひで》
九代《だい》 斉宣《なりのぶ》
十代《だい》 斉興《なりおき》
斉彬《なりあきら》(邦丸《くにまる》)
久光《ひさみつ》(普之進《かねのしん》)
九年前《ねんまえ》 自分《じぶん》の言《い》うことをまったく 聞《き》かなくなったわが子《こ》・斉宣《なりのぶ》を引退《いんたい》させ 従順《じゅうじゅん》な孫《まご》の斉興《なりおき》を藩主《はんしゅ》にすえ 事実上《じじつじょう》 薩摩藩《さつまはん》の実権《じっけん》を握《にぎ》っていた

栄翁様《えいおうさま》
客人《きゃくじん》です
手《て》に取《と》って
見《み》てもよいぞ
邦丸《くにまる》
本当《ほんとう》ですか？
やった！
ん？
ああっ！
不可思議《ふかしぎ》な力《ちから》で
動《うご》いているように見《み》えても
すべて からくりで動《うご》いている
のですね

栄翁…重豪の号の一つ。

……そ そうじゃ この世《よ》に不可思議《ふかしぎ》な物《もの》など一《ひと》つもない
幽霊《ゆうれい》も妖怪《ようかい》も心《こころ》の迷《まよ》いにすぎぬ
はい 肝《きも》に銘《めい》じまする
カチャ
カチャ
元通《もとどお》りに組《く》み立《た》てられるのか
はい 部品《ぶひん》は分解《ぶんかい》した順《じゅん》に並《なら》べてあります

この子《こ》が大《おお》きゅうなったところを見《み》たいものだが……
この歳《とし》ではそれもかなわぬか
江戸《えど》・薩摩藩邸《さつまはんてい》
ミーンミンミン
父上《ちちうえ》 仏壇《ぶつだん》に手《て》を合《あ》わせるのはなぜですか？
幽霊《ゆうれい》などこの世《よ》にはおりませぬのに
なにゆえそのようなことを申《もう》す

島津忠良《しまづただよし》…戦国時代《せんごくじだい》に島津家《しまづけ》の基礎《きそ》をつくった武将《ぶしょう》。

島津義弘《しまづよしひろ》…忠良《ただよし》の孫《まご》で、勇猛《ゆうもう》で知《し》られた武将《ぶしょう》。

この世《よ》には幽霊《ゆうれい》も妖怪《ようかい》も
おらぬかもしれませぬが
天《てん》と地《ち》の間《あいだ》には人《ひと》の考《かんが》え及《およ》ばぬ
大《おお》いなる力《ちから》が働《はたら》いています
天命《てんめい》や宿運《しゅくうん》をおろそかに
してはなりませぬ
よいですか 邦丸《くにまる》？
ミーン
ミン
承知《しょうち》しました
母上《ははうえ》
ミーン
周子《かねこ》は島津家《しまづけ》へ嫁《よめ》に入《はい》るとき
『論語《ろんご》』をはじめとする膨大《ぼうだい》な学術書《がくじゅつしょ》を
持参《じさん》するほどの学問《がくもん》好《ず》きであった
斉彬《なりあきら》はそんな
周子《かねこ》の薫陶《くんとう》を受《う》けて
育《そだ》ったのである
ガシャーン

宿運…前世から定まっている運命。宿命。

論語…中国の春秋時代の思想家・孔子と、その弟子《でし》たちの言葉《ことば》と行《おこな》いを記録《きろく》した書物《しょもつ》。

薫陶《くんとう》…人徳《じんとく》や品位《ひんい》で人《ひと》を感化《かんか》し教育《きょういく》すること。

ギヤマン…ガラス。閉門《へいもん》…屋敷《やしき》の門《もん》や窓《まど》を閉《と》ざし、出入《でい》りを禁《きん》じた刑罰《けいばつ》。蟄居《ちっきょ》…一部屋《ひとへや》で謹慎《きんしん》すること。

……
チリン
チリーン
本日《ほんじつ》は おねだりが ございます
ほう 珍《めずら》しいな 何《なに》が所望《しょもう》じゃ？
大爺様《おおじじさま》は珍《めずら》しい ギヤマンの器《うつわ》を一《ひと》そろい お持《も》ちと聞《き》きました
いえ その ギヤマンを 所望《しょもう》いたします
……
あれは今《いま》 ふぞろいじゃ 他《ほか》の物《もの》にせよ
そちも物好《ものず》きよのう よい くれてやろうぞ

小姓《こしょう》 主君《しゅくん》の側《そば》に仕《つか》え、身《み》の回《まわ》りの雑用《ざつよう》を務《つと》める者《もの》。

切子…彫刻や切り込み細工をしたガラス。カットグラス。

加冠《かかん》…元服《げんぷく》（成人《せいじん》）する男子《だんし》に冠《かんむり》をかぶらせること。 偏諱《へんき》…名前《なまえ》の一字《じ》を与《あた》えること。

エヒトゥ？…ドイツ語で「本当に？」の意。シーボルトはドイツ人《じん》だが、日本《にほん》ではオランダ人《じん》を装《よそお》っていた。

シーボルトは医学《いがく》や博物学《はくぶつがく》などに堪能《たんのう》なドイツ人《じん》で日本《にほん》の蘭学者《らんがくしゃ》や医師《いし》たちに大《おお》きな影響《えいきょう》を与《あた》えた
ヘル斉彬《なりあきら》 地球《ちきゅう》が丸《まる》いことはご存知《ぞんじ》ですか
水平線《すいへいせん》の向《む》こうから来《く》る船《ふね》を望遠鏡《ぼうえんきょう》で見《み》ていると帆《ほ》の上《うえ》からだんだんと見《み》えてきます
地球《ちきゅう》が平《たい》らなら起《お》こりえぬことです
ムム…… やりますネ
高野長英《たかのちょうえい》
斉彬《なりあきら》はその後《ご》 高野長英《たかのちょうえい》ら蘭学者《らんがくしゃ》のグループとも親《した》しく交《まじ》わるようになる

天保《てんぽう》四（1833）年《ねん》
斉彬《なりあきら》二十五歳《さい》――
斉興《なりおき》よ…… なかなか わしが くたばらぬゆえ
もどかしかった であろう？
何《なに》を おっしゃいます お爺様《じいさま》！
藩《はん》の財政難《ざいせいなん》も わしの蘭癖《らんぺき》が 原因《げんいん》の一《ひと》つじゃ
だが安心《あんしん》せい わしが始《はじ》めた 藩《はん》の財政改革《ざいせいかいかく》は 必《かなら》ず実《み》を結《むす》ぶ
うまくいけば 琉球《りゅうきゅう》を通《つう》じて異国《いこく》と 貿易《ぼうえき》することになろう
その時《とき》は琉球《りゅうきゅう》の サトウキビを売《う》って 大船《おおぶね》を買《か》うのじゃ

琉球《りゅうきゅう》…現在《げんざい》の沖縄県《おきなわけん》。

また無茶《むちゃ》なことを……
…………
斉彬《なりあきら》よ
これからは斉興《なりおき》が薩摩《さつま》の舵取《かじと》りをせねばならぬ……
そなたは父《ちち》をしっかりと支《ささ》えよ よいな?
はい……大爺様《おおじじさま》!
重豪《しげひで》の死去《しきょ》により
ようやく藩主《はんしゅ》の斉興《なりおき》が
薩摩《さつま》の実権《じっけん》を握《にぎ》ることとなる

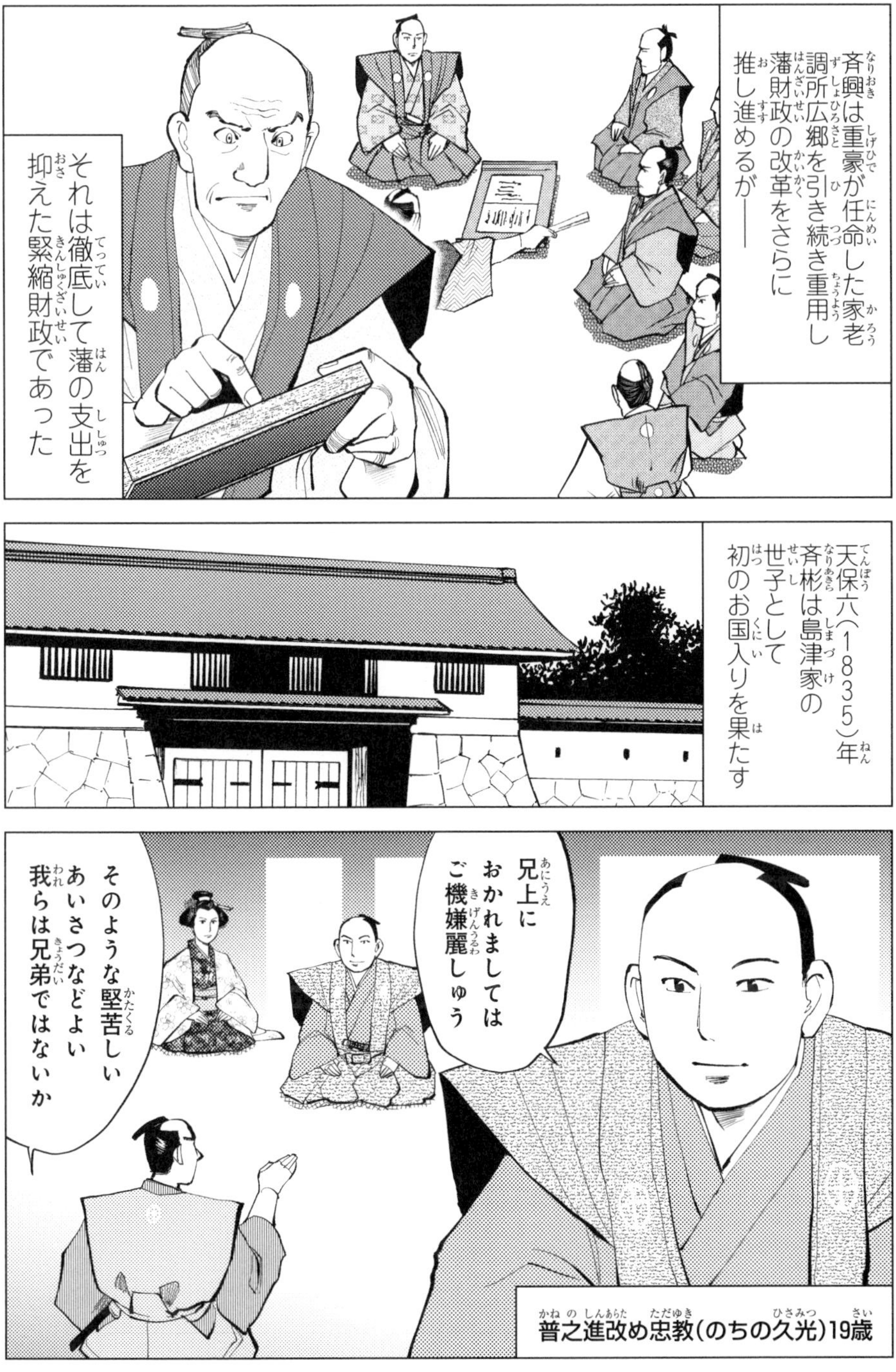
斉興《なりおき》は重豪《しげひで》が任命《にんめい》した家老《かろう》
調所広郷《ずしょひろさと》を引《ひ》き続《つづ》き重用《ちょうよう》し
藩財政《はんざいせい》の改革《かいかく》をさらに
推《お》し進《すす》めるが――
それは徹底《てってい》して藩《はん》の支出《ししゅつ》を
抑《おさ》えた緊縮財政《きんしゅくざいせい》であった
天保《てんぽう》六（1835）年《ねん》
斉彬《なりあきら》は島津家《しまづけ》の
世子《せいし》として
初《はつ》のお国入《くにい》りを果《は》たす
兄上《あにうえ》に おかれましては ご機嫌麗《きげんうるわ》しゅう
そのような堅苦《かたくる》しい あいさつなどよい 我《われ》らは兄弟《きょうだい》ではないか
普之進《かねのしん》改《あらた》め忠教《ただゆき》（のちの久光《ひさみつ》）19歳《さい》

の家臣の最高職
世子…将軍・大名などの跡継ぎ。
お国入り…大名が自分の領地へ帰ること。

列島《れっとう》　鹿児島県南部《かごしまけんなんぶ》、屋久島《やくしま》と奄美大島《あまみおおしま》との間《あいだ》に点在《てんざい》する島々《しまじま》。

うむ 連中《れんちゅう》は牛《うし》を求《もと》めに 来《き》たのだが 居合《いあ》わせた 役人《やくにん》が これを拒《こば》んでな 争《あらそ》いとなった
それでどう なったのですか
イギリス人《じん》が強引《ごういん》に 牛《うし》三頭《とう》を略奪《りゃくだつ》したので そのうちの一人《ひとり》を 役人《やくにん》が射《う》ち殺《ころ》したそうだ
役人《やくにん》は 正《ただ》しい判断《はんだん》を したと存《ぞん》じます
イギリス人《じん》は悪事《あくじ》を 働《はたら》いたので 殺《ころ》されても 仕方《しかた》がありませぬ
もっともである…… だが それを口実《こうじつ》にイギリスが 大艦隊《だいかんたい》で攻撃《こうげき》してきたらなんとする
当然《とうぜん》 打《う》ち払《はら》いまする

武家諸法度《ぶけしょはっと》…江戸幕府《えどばくふ》が制定《せいてい》した、大名《だいみょう》や武家《ぶけ》が守《まも》るべき義務《ぎむ》を定《さだ》めた法令《ほうれい》。 公儀《こうぎ》…幕府《ばくふ》のこと。

兄上《あにうえ》 我《われ》らはどうすればよいのですか?
それを これから考《かんが》えるのだ
我《われ》ら兄弟《きょうだい》 力《ちから》を合《あ》わせてな!
はい!
……

第二章《だいしょう》　兄弟《きょうだい》の絆《きずな》

天保《てんぽう》十三（1842）年《ねん》
アヘン戦争《せんそう》が終結《しゅうけつ》——
イギリス
清国《しんこく》
日本《にほん》
清国《しんこく》はイギリスに敗北《はいほく》し
香港《ホンコン》などを割譲《かつじょう》した

割譲《かつじょう》…領土《りょうど》の一部《いちぶ》を他国《たこく》に譲《ゆず》り渡《わた》すこと。

清国《しんこく》…1616〜1912年《ねん》まで続《つづ》いた中国《ちゅうごく》最後《さいご》の王朝《おうちょう》。

江戸《えど》・薩摩藩邸《さつまはんてい》
あの清国《しんこく》が敗《やぶ》れるとは……夷狄《いてき》の力《ちから》 思《おも》いのほか侮《あなど》れぬな
はい 琉球《りゅうきゅう》にも たびたび 異国《いこく》の船《ふね》が 立《た》ち寄《よ》ると聞《き》きます
父上《ちちうえ》 琉球《りゅうきゅう》の守《まも》りは 万全《ばんぜん》でしょうか？
すっ
私《わたくし》は島津《しまづ》の世子《せいし》として 知《し》っておかねばならぬゆえ お尋《たず》ね申《もう》しております
……わが藩《はん》の財政《ざいせい》は 逼迫《ひっぱく》しておる 栄翁公《えいおうこう》の 蘭癖《らんぺき》による浪費《ろうひ》でな
すたすた
だから 琉球《りゅうきゅう》の防衛《ぼうえい》に あてる費用《ひよう》がないと 仰《おお》せですか？

今《いま》 国許《くにもと》では 家老《かろう》の調所広郷《ずしょひろさと》が 身《み》を粉《こ》にして 財政改革《ざいせいかいかく》を続《つづ》けておる
それが 成功《せいこう》するまでは 何《なに》もできぬのだ
宝島《たからじま》での騒動《そうどう》を お忘《わす》れですか？
また あのようなことが 起《お》これば 今度《こんど》こそ異国《いこく》と 戦争《せんそう》になりかねませぬぞ
ピタッ
ええい！ 厠《かわや》じゃ ついてくるでない
バタン

厠《かわや》…便所《べんじょ》。

弘化《こうか》二（1845）年《ねん》
江戸《えど》・阿部正弘邸《あべまさひろてい》
老中首座《ろうじゅうしゅざ》となった阿部正弘《あべまさひろ》は
松平慶永《まつだいらよしなが》（号《ごう》して春嶽《しゅんがく》）とともに
斉彬《なりあきら》の資質《ししつ》を高《たか》く評価《ひょうか》しており
政治《せいじ》について個人的《こじんてき》に意見《いけん》を
求《もと》めることも しばしばであった
琉球《りゅうきゅう》には夷狄《いてき》の船《ふね》が頻繁《ひんぱん》に立《た》ち寄《よ》っておりますな
老中首座《ろうじゅうしゅざ》・福山藩主《ふくやまはんしゅ》
阿部正弘《あべまさひろ》 27歳《さい》
越前福井藩主《えちぜんふくいはんしゅ》
松平慶永《まつだいらよしなが》 18歳《さい》
琉球《りゅうきゅう》は薩摩藩《さつまはん》の所轄《しょかつ》でございましたな
は……昨年《さくねん》もフランスの軍艦《ぐんかん》が開国《かいこく》を求《もと》めて寄港《きこう》いたしました
斉彬《なりあきら》 37歳《さい》

首座…首席 最上位の人。

福山藩《ふくやまはん》…現在《げんざい》の広島県《ひろしまけん》福山市《ふくやまし》に藩庁《はんちょう》を置《お》いた藩《はん》。

越前《えちぜん》…現在《げんざい》の福井県《ふくいけん》北部《ほくぶ》。

福井藩《ふくいはん》…現在《げんざい》の福井県《ふくいけん》福井市《ふくいし》に藩庁《はんちょう》を置《お》いた藩《はん》。

それで薩摩藩《さつまはん》としてはいかなる処置《しょち》を?
言葉《ことば》をはぐらかし時間《じかん》を稼《かせ》ぎ……
相手《あいて》がしびれを切《き》らして立《た》ち去《さ》るのを待《ま》ちましたがこの手《て》はそういつまでも通用《つうよう》いたしますまい
うむ……
琉球《りゅうきゅう》を開国《かいこく》させたら夷狄《いてき》は次《つぎ》に日本《にほん》を開国《かいこく》させに来《く》るでしょう
ご尊父《そんぷ》の斉興公《なりおきこう》は琉球《りゅうきゅう》の防備《ぼうび》についていかがお考《かんが》えか?
それが……駐留《ちゅうりゅう》の兵《へい》を増《ふ》やすのが精一杯《せいいっぱい》で他《ほか》に何《なに》も打《う》つ手《て》がない有様《ありさま》
……恥《は》ずかしながら防衛《ぼうえい》に回《まわ》すだけの資金《しきん》も足《た》りておらず……

財政難《ざいせいなん》か
どの藩《はん》も苦《くる》しゅうございますからな
もし斉彬《なりあきら》どのが藩主《はんしゅ》ならば琉球《りゅうきゅう》をいかがしたいとお考《かんが》えで？
私《わたし》が藩主《はんしゅ》なら琉球《りゅうきゅう》を……
大爺様《おおじじさま》
!!
琉球《りゅうきゅう》を開国《かいこく》いたしまする

唯一《ゆいいつ》の貿易地《ぼうえきち》。現在《げんざい》の長崎県長崎市《ながさきけんながさきし》に建設《けんせつ》された人工《じんこう》の島《しま》。

琉球《りゅうきゅう》を開《ひら》いて外国《がいこく》と貿易《ぼうえき》をすれば富《とみ》が得《え》られます
琉球《りゅうきゅう》の特産品《とくさんひん》はサトウキビです
サトウキビから採《と》れる砂糖《さとう》を大量《たいりょう》に売《う》れれば異国船《いこくせん》の買《か》い入《い》れだって夢《ゆめ》ではございませぬぞ!
ま まるで栄翁《えいおう》——重豪公《しげひでこう》を見《み》ているようだ……いや それ以上《いじょう》!
待《ま》てよ……
もし そうなったら貿易《ぼうえき》の富《とみ》と海外《かいがい》の情報《じょうほう》を幕府《ばくふ》が独占《どくせん》できなくなってしまうではないか……
それに今《いま》でこそ貧《まず》しい薩摩《さつま》もやがて強力《きょうりょく》な軍隊《ぐんたい》を持《も》つのでは?

名代《みょうだい》…代理人《だいりにん》。

同年《どうねん》七月《がつ》 薩摩《さつま》・鶴丸城《つるまるじょう》
おお 忠教《ただゆき》 学問《がくもん》に励《はげ》んで おるようじゃな 感心感心《かんしんかんしん》
兄上《あにうえ》……
ふむ…… 西洋事情《せいようじじょう》に ついてか
薩摩《さつま》におると 兄上《あにうえ》の悪口《わるくち》ばかりが 耳《みみ》に入《はい》り もう うんざりです
ぱたん
佛蘭西總記
ほう? どんな悪口《わるくち》だ
「斉彬様《なりあきらさま》が藩主《はんしゅ》に お就《つ》きあそばしたら せっかく立《た》て直《なお》した 財政《ざいせい》を 蘭癖《らんぺき》でまたも 傾《かたむ》ける」と
ははは 薩摩《さつま》では わしは そのように 見《み》られて おるのか?
それだけならまだしも 兄上《あにうえ》に取《と》って代《か》わるよう 私《わたくし》をそそのかす者《もの》たちが ……
それを——

シッ
!!
――そちの口《くち》から申《もう》してはならぬぞ申《もう》さば政争《せいそう》になる
は……
西洋事情《せいようじじょう》について勉強《べんきょう》しておったようじゃがアヘン戦争《せんそう》はどうじゃ?
イギリスはまったく不義《ふぎ》の国《くに》にございます
もし薩摩《さつま》にも攻《せ》めてくるようなことがあれば断固《だんこ》これを打《う》ち払《はら》わねばなりませぬ
だが それは不可能《ふかのう》だと十一年前《ねんまえ》にも話《はな》しおうたではないか
しかも わしの見《み》たところイギリスはその頃《ころ》よりさらに力《ちから》をつけておる

臥薪嘗胆…目的達成のために、苦心《くしん》し努力《どりょく》を重《かさ》ねること。

おまん……鹿児島弁《かごしまべん》で「お前《まえ》」の意《い》。

おい……鹿児島弁《かごしまべん》で「おれ」の意《い》。

同年《どうねん》十一月《がつ》
斉彬《なりあきら》が海岸《かいがん》視察《しさつ》の途中《とちゅう》
薩摩《さつま》・指宿《いぶすき》で休憩《きゅうけい》をして
いると――
火事《かじ》だーっ
何事《なにごと》じゃ？
殿《との》
こちらへ！
ぼやにございます
まものう
鎮火《ちんか》されましょう
火元《ひもと》はどこぞ？
それが 火《ひ》の気《け》など
ないはずの
ところから……
なんと！

命《いのち》まで狙《ねら》われるとは
これほど強《つよ》いのか わしへの反発《はんぱつ》が ……!
琉球《りゅうきゅう》の調査《ちょうさ》や沿岸《えんがん》の防備《ぼうび》を手配《てはい》した斉彬《なりあきら》は翌年《よくねん》・弘化《こうか》四(1847)年《ねん》薩摩《さつま》から江戸《えど》に戻《もど》る
薩摩《さつま》はいかがでございました?
……危《あや》うい……わしを亡《な》き者《もの》にしようとする輩《やから》がおるのは事実《じじつ》だ
それは……
斉彬《なりあきら》の側近《そっきん》(隠密《おんみつ》)
山口不及《やまぐちふきゅう》

隠密《おんみつ》…主人《しゅじん》の密命《みつめい》で情報収集《じょうほうしゅうしゅう》を行《おこな》う者《もの》。

家老《かろう》の調所《ずしょ》らが
わしを廃嫡《はいちゃく》して
忠教《ただゆき》を跡継《あとつ》ぎにせんと
画策《かくさく》しておる様子《ようす》
ことが幕府《ばくふ》に
知《し》れては一大事《いちだいじ》で
ございまするな
うむ そこで不及《ふきゅう》よ
そちに薩摩《さつま》の
監視《かんし》を申《もう》しつける
特《とく》に調所《ずしょ》の動《うご》きを
わしに逐一報告《ちくいちほうこく》せよ
忠教《ただゆき》さまのことは
探《さぐ》らなくとも
よろしいのですか?
はははっ
それには及《およ》ばぬ
あれは「思無邪《おもいよこしまなし》」
何《なに》も やましい
ところはないゆえ
案《あん》ずるな 不及《ふきゅう》

不及《ふきゅう》の調査《ちょうさ》により斉彬《なりあきら》は
斉興《なりおき》と調所広郷《ずしょひろさと》が琉球《りゅうきゅう》で
密貿易《みつぼうえき》を行《おこな》っていることを知《し》る
江戸《えど》 辰《たつ》の口《くち》
阿部正弘邸《あべまさひろてい》
琉球《りゅうきゅう》の外交防衛《がいこうぼうえい》ご苦労《くろう》でござった
ですが琉球《りゅうきゅう》にはもう一《ひと》つ深刻《しんこく》な問題《もんだい》がございまするな
もったいなきお言葉《ことば》を……
ずずっ

さすがは公儀《こうぎ》……
父上《ちちうえ》の抜《ぬ》け荷《に》の件《けん》
つかまれておったか
すっ
それでしたら
近《ちか》いうちに良《よ》い報《しら》せが
お届《とど》けできるかと
……
斉彬《なりあきら》どのは
おいくつに
なられました?
四十歳《さい》で
ございますが
……何《なに》か
……跡目《あとめ》を継《つ》がれるには
いささか遅《おそ》いような……
ご尊父《そんぷ》と腹《はら》を割《わ》って
話《はな》し合《あ》われるのですな
は……

嘉永元《かえいがん》(1848)年《ねん》
調所広郷《ずしょひろさと》は密貿易《みつぼうえき》の
責任《せきにん》をとって
江戸《えど》の薩摩藩邸《さつまはんてい》にて
服毒死《ふくどくし》した
斉興様《なりおきさま》……忠教様《ただゆきさま》を 頼《たの》みましたぞ
ところが 騒《さわ》ぎはこれだけでは 収《おさ》まらなかった
薩摩藩内《さつまはんない》で 斉彬《なりあきら》の襲封《しゅうほう》を望《のぞ》む一派《いっぱ》と 忠教《ただゆき》を藩主《はんしゅ》に推《お》す一派《いっぱ》の 対立《たいりつ》が激化《げきか》——
斉彬《なりあきら》が藩主《はんしゅ》になることで藩《はん》の財政《ざいせい》が 悪化《あっか》すると考《かんが》えた藩主《はんしゅ》・斉興《なりおき》は 斉彬派《なりあきらは》の弾圧《だんあつ》を始《はじ》めたのである
おのれ！ 斉彬《なりあきら》〜っ わが藩《はん》の財政《ざいせい》を 立《た》て直《なお》した 最大《さいだい》の功労者《こうろうしゃ》を よくも！
その反斉彬派《はんなりあきらは》の中《なか》には 忠教《ただゆき》の母《はは》・お由羅《ゆら》の姿《すがた》もあった

斉興《なりおき》による斉彬派《なりあきらは》への粛清《しゅくせい》は
嘉永《かえい》三(1850)年《ねん》四月《がつ》まで続《つづ》き
約《やく》五十名《めい》の忠臣《ちゅうしん》が
切腹《せっぷく》や蟄居《ちっきょ》 遠島《えんとう》の刑《けい》に処《しょ》された
この時《とき》二十四歳《さい》の青年《せいねん》だった
西郷吉之助《さいごうきちのすけ》(のちの隆盛《たかもり》)は
恩人《おんじん》・赤山靭負《あかやまゆきえ》の切腹《せっぷく》に慟哭《どうこく》し
斉彬《なりあきら》の襲封《しゅうほう》をより堅《かた》く支持《しじ》したという
もはや風前《ふうぜん》の灯火《ともしび》かと
思《おも》われた斉彬派《なりあきらは》だったが
かろうじて処分《しょぶん》を逃《のが》れた四名《めい》が
福岡藩《ふくおかはん》(藩主《はんしゅ》の長溥《ながひろ》は黒田家《くろだけ》に養子入《ようしい》りした
重豪《しげひで》の子《こ》)に助《たす》けを求《もと》め——
薩摩《さつま》が大変《たいへん》なことになっておりますぞ!
これがやがて幕府《ばくふ》の
知《し》るところとなった

なんということだ！
このままでは 斉彬《なりあきら》どのが世子《せいし》の座《ざ》を 追《お》われてしまう
松平慶永《まつだいらよしなが》
もはや薩摩《さつま》だけの 問題《もんだい》ではござらぬ あの「二《ふた》つ頭《びんた》」を 埋《う》もれさせてはなりませぬ
阿部《あべ》どの！ これは ご公儀《こうぎ》にとっても 大《おお》きな損失《そんしつ》ですぞ なんとか手《て》を打《う》たねば
宇和島藩主《うわじまはんしゅ》 伊達宗城《だてむねなり》
わかって おります
ご公儀《こうぎ》の権威《けんい》で お家騒動《いえそうどう》を解決《かいけつ》するのは 最後《さいご》の手段《しゅだん》だが…… この際《さい》やむをえまい
嘉永《かえい》三（1850）年《ねん》十二月三日《がつみっか》 江戸城《えどじょう》

12代将軍《だいしょうぐん》
徳川家慶《とくがわいえよし》
島津大隅守斉興《しまづおおすみのかみなりおき》
琉球使節《りゅうきゅうしせつ》の参府《さんぷ》の手配《てはい》
大儀《たいぎ》であった
大名物茶入《おおめいぶつちゃいれ》「朱衣肩衝《あけのころもかたつき》」
将軍《しょうぐん》が大名《だいみょう》に茶器《ちゃき》を贈《おく》るのは「引退《いんたい》せよ」という意味《いみ》である
ありがたくお受《う》けなされ
この一連《いちれん》の家督相続争《かとくそうぞくあらそ》いを「お由羅騒動《ゆらそうどう》」または「高崎崩《たかさきくず》れ」という

大名物《おおめいぶつ》…著名《ちょめい》な茶器《ちゃき》のなかでも、おもに室町時代《むろまちじだい》の足利義政《あしかがよしまさ》のころに選定《せんてい》されたもの。
茶入《ちゃいれ》…抹茶《まっちゃ》を入《い》れる茶器《ちゃき》。

嘉永《かえい》四（1851）年《ねん》二月二日《がつふつか》
斉彬《なりあきら》はようやく島津家《しまづけ》の家督《かとく》を相続《そうぞく》し
薩摩藩《さつまはん》十一代藩主《だいはんしゅ》に就任《しゅうにん》した
斉彬《なりあきら》四十三歳《さい》のことである

第三章《だいさんしょう》　ペリー来航《らいこう》

斉彬《なりあきら》はすべての家臣《かしん》に
藩政《はんせい》に関《かん》する意見書《いけんしょ》を求《もと》め
自《みずか》ら目《め》を通《とお》した
この西郷吉《さいごうきち》之《の》助《すけ》とやらの農政《のうせい》に関《かん》する意見《いけん》は実《じつ》に優《すぐ》れておるな
読《よ》んでみろ忠教《ただゆき》
……さようですか?
だいぶ身分《みぶん》も低《ひく》い者《もの》のようでございますが
このような者《もの》を側《そば》に置《お》きたいものじゃ
これのどこがいいのやら?

四町…約四百四十メートル。

もし 撃《う》ち合《あ》うようなことになれば日本《にほん》の船《ふね》に勝《か》ち目《め》はないだろう
アメリカの軍艦《ぐんかん》
日本《にほん》の軍船《ぐんせん》
ドー
はい しかも弾《たま》は炸裂《さくれつ》し火《ひ》を放《はな》つと同時《どうじ》に多《おお》くの人間《にんげん》を殺傷《さっしょう》するのです
ドドン
ドー
くわばら くわばら

相《あい》わかった……今度《こんど》はアメリカの政治《せいじ》について聞《き》こう
アメリカは五十ほどの州《しゅう》に分《わ》かれ 民《たみ》が入札《いれふだ》で その主《あるじ》を決《き》めます
また大統領《プレジデント》…… わが国《くに》でいう将軍職《しょうぐんしょく》も 民《たみ》が入札《いれふだ》で決《き》めます
アメリカ合衆国《がっしゅうこく》 第《だい》十代大統領《だいだいとうりょう》
ジョン・タイラー
民《たみ》が主《あるじ》を決《き》めるだと!? 武士《ぶし》は一体《いったい》 何《なに》をしておる
いえ アメリカには 士農工商《しのうこうしょう》の身分《みぶん》が ございませぬ
何《なに》っ? 武士《ぶし》が おらぬと 申《もう》すか!?

武士《ぶし》――兵士《へいし》になりたければ誰《だれ》でも志願《しがん》してなれます
武士《ぶし》が商人《しょうにん》より偉《えら》いということもございませぬ
…………
でで では……民《たみ》はいかにして誰《だれ》に入札《いれふだ》するかを決《き》める？
私《わたし》も最初《さいしょ》は驚《おどろ》きました
候補《こうほ》に立《た》つ者《もの》は 各々《おのおの》 自分《じぶん》がどんな政治《せいじ》をやりたいか民衆《みんしゅう》に直接《ちょくせつ》 説《と》いて回《まわ》ります
民《たみ》はその説明《せつめい》に共感《きょうかん》できる候補者《こうほしゃ》を選《えら》び入札《いれふだ》するのです
驚《おどろ》かぬほうが無理《むり》というものよ

おそらく日《ひ》の本《もと》の万民《ばんみん》が忠教《ただゆき》のごとく驚愕《きょうがく》するだろうな
大統領《プレジデント》とやらは公方《くぼう》さまとどう違《ちが》うのじゃ
大統領《プレジデント》の子《こ》であろうと入札《いれふだ》で選《えら》ばれなければ大統領《プレジデント》にはなれませぬ
したがって大統領《プレジデント》には民衆《みんしゅう》が選《えら》んだ英邁《えいまい》な人物《じんぶつ》しかなれぬのです
血縁《けつえん》のない者同《ものどう》士《し》が代々《だいだい》国《くに》の主《あるじ》を継《つ》いでいくだと？
ありえぬ！世襲《せしゅう》ではないのか？
……

英邁《えいまい》な君主《くんしゅ》の下《もと》の自由《じゆう》な民《たみ》――それがアメリカの国力《こくりょく》の秘密《ひみつ》というわけか
ご明察《めいさつ》の通《とお》りです
……
ポカン
アメリカの よいところは日本《にほん》も見習《みなら》わねばのう！
斉彬《なりあきら》は万次郎《まんじろう》から多《おお》くを聞《き》き また家臣《かしん》にも造船《ぞうせん》技術《ぎじゅつ》などを学《まな》ばせた
嘉永《かえい》五（1852）年《ねん》二月《がつ》二十一日《にち》 斉彬《なりあきら》は吉野原《よしのばる》で関狩《せきがり》（軍事演習《ぐんじえんしゅう》）を行《おこな》う
ズドン

吉野原《よしのばる》 現在《げんざい》の鹿児島県《かごしまけん》鹿児島市《かごしまし》吉野町《よしのちょう》周辺《しゅうへん》。

産業を盛んにすること 反射炉…金属を溶かし不純物を取り除《のぞ》く工程《こうてい》で用《もち》いる炉《ろ》の一種《いっしゅ》。

関狩《せきがり》の時《とき》もそうでしたが……一体《いったい》何《なに》がご不満《ふまん》なので？
琉球《りゅうきゅう》は近《ちか》いうちに開国《かいこく》させるとしてそれで異国《いこく》が満足《まんぞく》すると思《おも》うか？ 忠教《ただゆき》――連中《れんちゅう》は次《つぎ》に薩摩《さつま》いや江戸《えど》にもやって来《く》るぞ
わが国《くに》が第《だい》二の清国《しんこく》とならぬようにするにはまず国《くに》を富《と》ませ――
欧米列強《おうべいれっきょう》に引《ひ》けをとらぬ軍事力《ぐんじりょく》と技術力《ぎじゅつりょく》を備《そな》えねばならぬが……これを薩摩《さつま》一国《こく》でやっても仕方《しかた》がない
公儀《こうぎ》に働《はたら》きかけ日本全国《にほんぜんこく》でやらねば！
江戸《えど》に戻《もど》った斉彬《なりあきら》は早速《さっそく》老中首座《ろうじゅうしゅざ》・阿部正弘《あべまさひろ》を訪《たず》ねた

近《ちか》くアメリカが艦隊《かんたい》を率《ひき》い
開国《かいこく》を迫《せま》りに来《く》る!?
オランダ商館《しょうかん》から
報告《ほうこく》がござった
いよいよですな
して ご公儀《こうぎ》は
いかがなさる
おつもりで?
まず この話《はなし》を
信《しん》じる者《もの》がおらぬ
アヘン戦争《せんそう》から
十年《ねん》あまり……
無為《むい》にすごしたツケが
回《まわ》って参《まい》り申《もう》した
おったところで
何《なに》をどうしてよいやら
誰《だれ》にもわからぬのです
おそらくアメリカの艦隊《かんたい》は
先《さき》に琉球《りゅうきゅう》へ寄港《きこう》してから
江戸《えど》へ入《はい》ると思《おも》われます

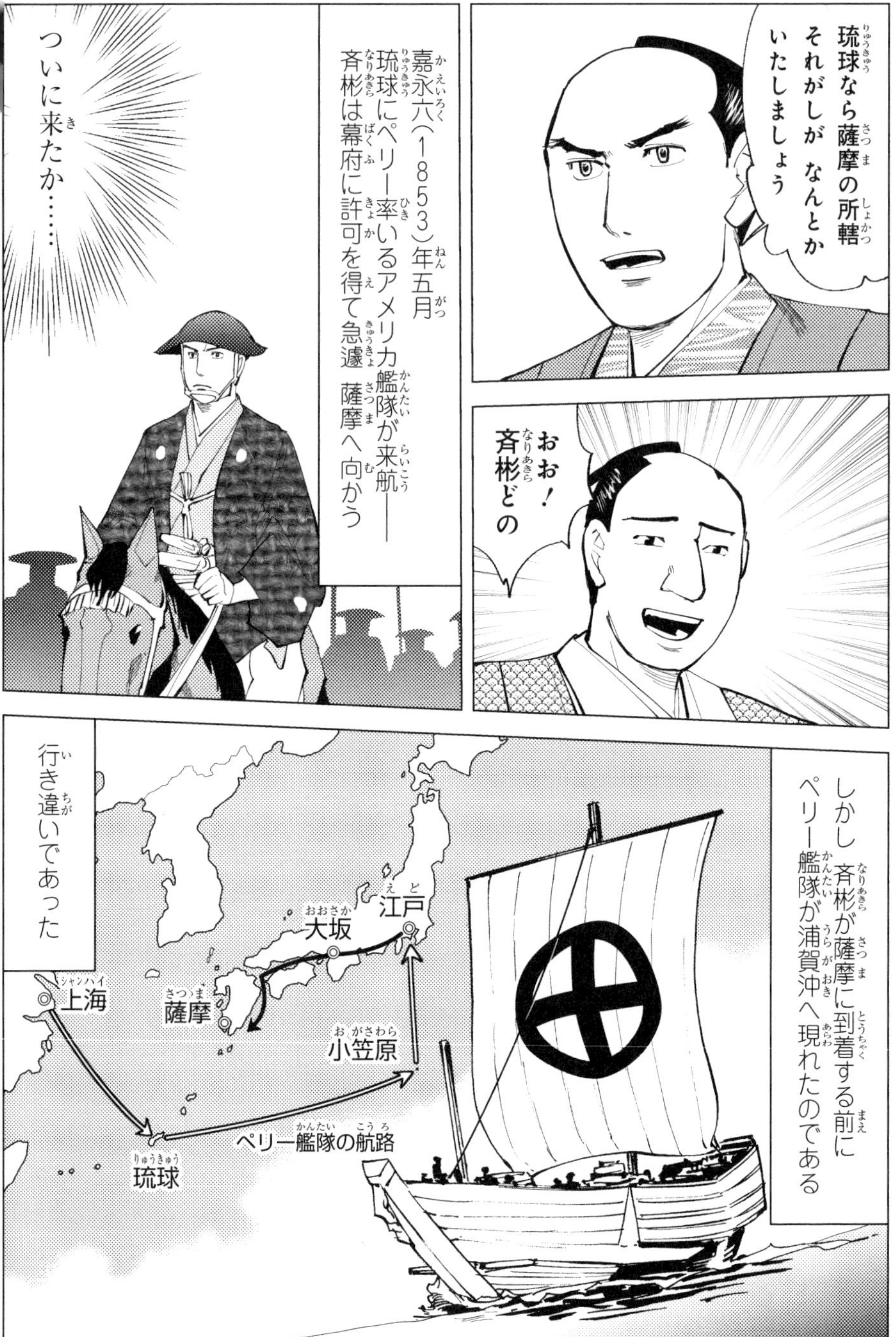

浦賀《うらが》 現在《げんざい》の神奈川県横須賀市東部《とうぶ》。

しまった！
遅《おそ》かった
ペリー艦隊《かんたい》は品川沖《しながわおき》まで侵入《しんにゅう》し
幕府役人《ばくふやくにん》の制止《せいし》を振《ふ》り切《き》って測量《そくりょう》を行《おこな》う
なんだい？
あの黒《くろ》い船《ふね》は
あれが蒸気船《じょうきせん》っ
ちゅうやつよ
黒船《くろふね》じゃ！

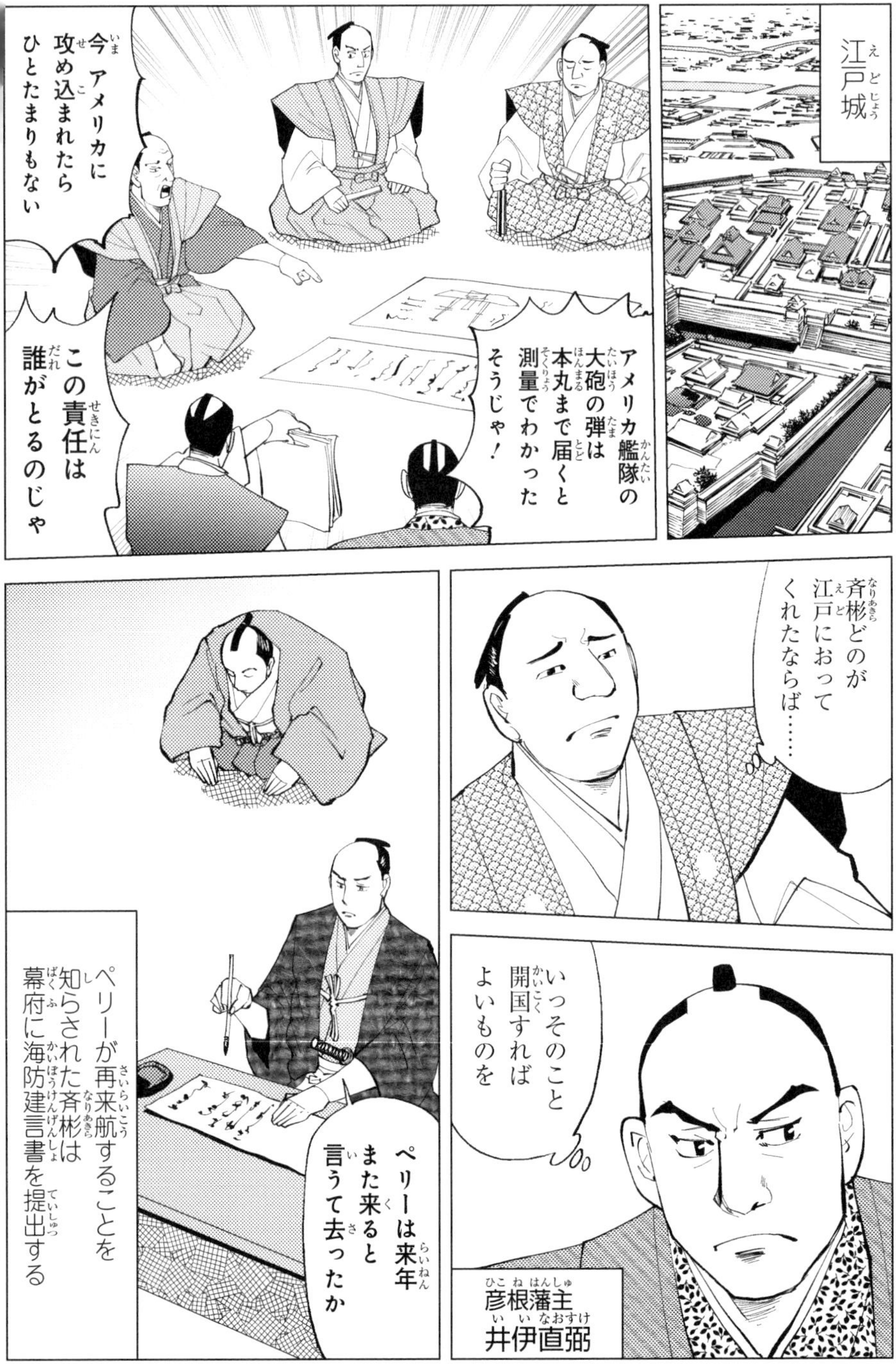

建言《けんげん》…政府《せいふ》や上役《うわやく》などに意見《いけん》を申《もう》し立《た》てること。

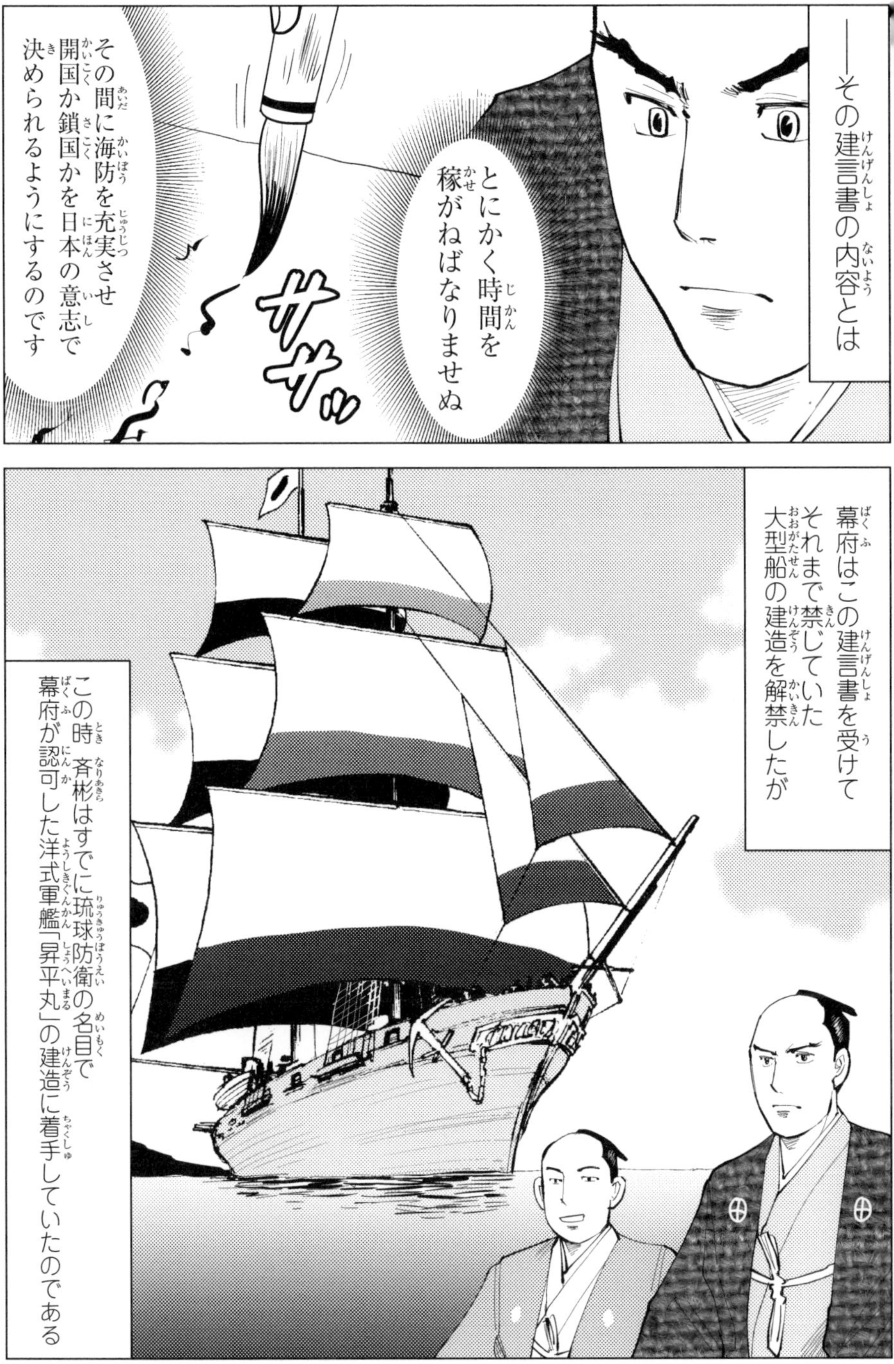
――その建言書《けんげんしょ》の内容《ないよう》とは
とにかく時間《じかん》を稼《かせ》がねばなりませぬ
ササッ
その間《あいだ》に海防《かいぼう》を充実《じゅうじつ》させ開国《かいこく》か鎖国《さこく》かを日本《にほん》の意志《いし》で決《き》められるようにするのです
幕府《ばくふ》はこの建言書《けんげんしょ》を受《う》けてそれまで禁《きん》じていた大型船《おおがたせん》の建造《けんぞう》を解禁《かいきん》したが
この時《とき》 斉彬《なりあきら》はすでに琉球防衛《りゅうきゅうぼうえい》の名目《めいもく》で幕府《ばくふ》が認可《にんか》した洋式軍艦《ようしきぐんかん》「昇平丸《しょうへいまる》」の建造《けんぞう》に着手《ちゃくしゅ》していたのである

これほどの大船《おおぶね》があれば夷狄《いてき》などたやすく打《う》ち払《はら》えましょう
この船《ふね》一隻《せき》ではなんともならぬ
えっ？
これ以上《いじょう》の軍艦《ぐんかん》が五十……いや百隻《ひゃくせき》は必要《ひつよう》だ
百隻《ひゃくせき》！いかに薩摩《さつま》の財政再建《ざいせいさいけん》が成《な》ったとはいえ……
薩摩《さつま》に百隻《ひゃくせき》ではない
日本《にほん》に百隻《ひゃくせき》じゃ
薩摩《さつま》だけでも少《すく》なくとも十五隻《せき》は造《つく》らねばならぬ
……
琉球《りゅうきゅう》を通《つう》じフランスからも軍艦《ぐんかん》を密《ひそ》かに買《か》い入《い》れねばのう

嘉永《かえい》七（1854）年正月《ねんしょうがつ》二十一日《にち》
斉彬《なりあきら》はペリーの再来航《さいらいこう》に備《そな》えて
薩摩《さつま》を発《た》ち　江戸《えど》へ向《む》けて出発《しゅっぱつ》する
このたび江戸詰《えどづめ》を命《めい》じた西郷吉之助《さいごうきちのすけ》なる者《もの》はどこにおる
茶
あれに控《ひか》えております
ほほう……まるで相撲《すもう》の力士《りきし》のようじゃな
西郷吉之助《さいごうきちのすけ》（のちの隆盛《たかもり》）

アメリカと同様《どうよう》に日本《にほん》の開国《かいこく》をもくろむ
ロシアの動《うご》きを警戒《けいかい》したペリーは
正月《しょうがつ》十六日《にち》に早《はや》くも　浦賀《うらが》へ再来航《さいらいこう》し
幕府《ばくふ》との交渉《こうしょう》を始《はじ》めていた
三月三日《がつみっか》
斉彬《なりあきら》の江戸《えど》入《い》りを待《ま》たず
日米和親条約《にちべいわしんじょうやく》が締結《ていけつ》される
江戸湾《えどわん》
またしても遅《おそ》かったか！

江戸八百八町…江戸《えど》に町《まち》が多数《たすう》あること。

第《だい》四章《しょう》　斉彬《なりあきら》の躍進《やくしん》

さかのぼること半年《はんとし》あまり
嘉永《かえい》六（1853）年《ねん》
十二代将軍《だいしょうぐん》・家慶《いえよし》の死去《しきょ》により
家定《いえさだ》が十三代将軍《だいしょうぐん》に就任《しゅうにん》した
一回目《かいめ》のペリー来航直後《らいこうちょくご》のことである

上様《うえさま》！
ブチッ
捕《つか》まえた！
あ……
江戸《えど》・阿部《あべ》正弘邸《まさひろてい》
この大変《たいへん》な時期《じき》に新《あたら》しい公方様《くぼうさま》があのご様子《ようす》では
困《こま》り果《は》て申《もう》した
生《う》まれつきご病弱《びょうじゃく》ゆえそれも心配《しんぱい》のタネでござる

阿部《あべ》どのも　心労《しんろう》が絶《た》えませぬな
この国難《こくなん》を乗《の》り切《き》るには英邁《えいまい》な公方様《くぼうさま》が必要《ひつよう》です
おっしゃる通《とお》りです……しかし
慶永《よしなが》どのはどなたをお考《かんが》えか
そうですな私《わたし》なら……
一橋慶喜公《ひとつばしよしのぶこう》をおいては他《ほか》にございませぬ

現在の和歌山県和歌山市に藩庁を置いた藩。徳川御三家のひとつ。

篤姫《あつひめ》（のちの天璋院《てんしょういん》）
幸《さいわ》い以前《いぜん》から私《わたし》の娘《むすめ》が将軍家《しょうぐんけ》に望《のぞ》まれております 将軍家《しょうぐんけ》との絆《きずな》を強《つよ》めるためにも……
私《わたし》はできるだけ早《はや》く娘《むすめ》を家定様《いえさださま》に嫁《とつ》がせたいと考《かんが》えておりました
なるほど！ それなら ご息女《そくじょ》を通《つう》じて将軍家《しょうぐんけ》を説得《せっとく》できますな
ええ……ただ 慶喜公《よしのぶこう》は性格的《せいかくてき》に少々軽々《しょうしょうかるがる》しいところもあるようです
それがいささか気《き》にかかりますが……

斉彬《なりあきら》に従《したが》って江戸《えど》に入《はい》った西郷《さいごう》は嘉永《かえい》七（1854）年《ねん》四月《がつ》「御庭方役《おにわかたやく》」に抜擢《ばってき》され 斉彬《なりあきら》の密使《みっし》として情報収集《じょうほうしゅうしゅう》や諸藩要人《しょはんようじん》との折衝《せっしょう》などに奔走《ほんそう》する
だがその年《とし》の閏《うるう》七月末《がつまつ》 斉彬《なりあきら》は江戸《えど》で病《やまい》に倒《たお》れてしまう
やはり誰《だれ》かが殿《との》に呪《のろ》いをかけてごわす
西郷吉之助《さいごうきちのすけ》 28歳《さい》
滅多《めった》なことを申《もう》すでないぞ西郷《さいごう》
じゃっどん殿《との》のお子《こ》が何人《なんにん》も幼《おさな》い時分《じぶん》に亡《な》くなっておりもす

鹿児島《かごんま》では 皆《みな》 お由羅《ゆら》どんが呪《のろ》いじゃっち 言《い》うとりもっそ
のそ
呪《のろ》いなど この世《よ》にありはせぬ…… あれは言葉《ことば》で 相手《あいて》を不安《ふあん》にさせて 心《こころ》をくじく技《わざ》にすぎぬ
じゃっどん 殿《との》は現《げん》に こうして病《やまい》に……
幸《さいわ》い斉彬《なりあきら》は翌年《よくねん》—— 安政《あんせい》二(1855)年《ねん》二月《がつ》に全快《ぜんかい》した
じゃっどんは もうよい
はっ……

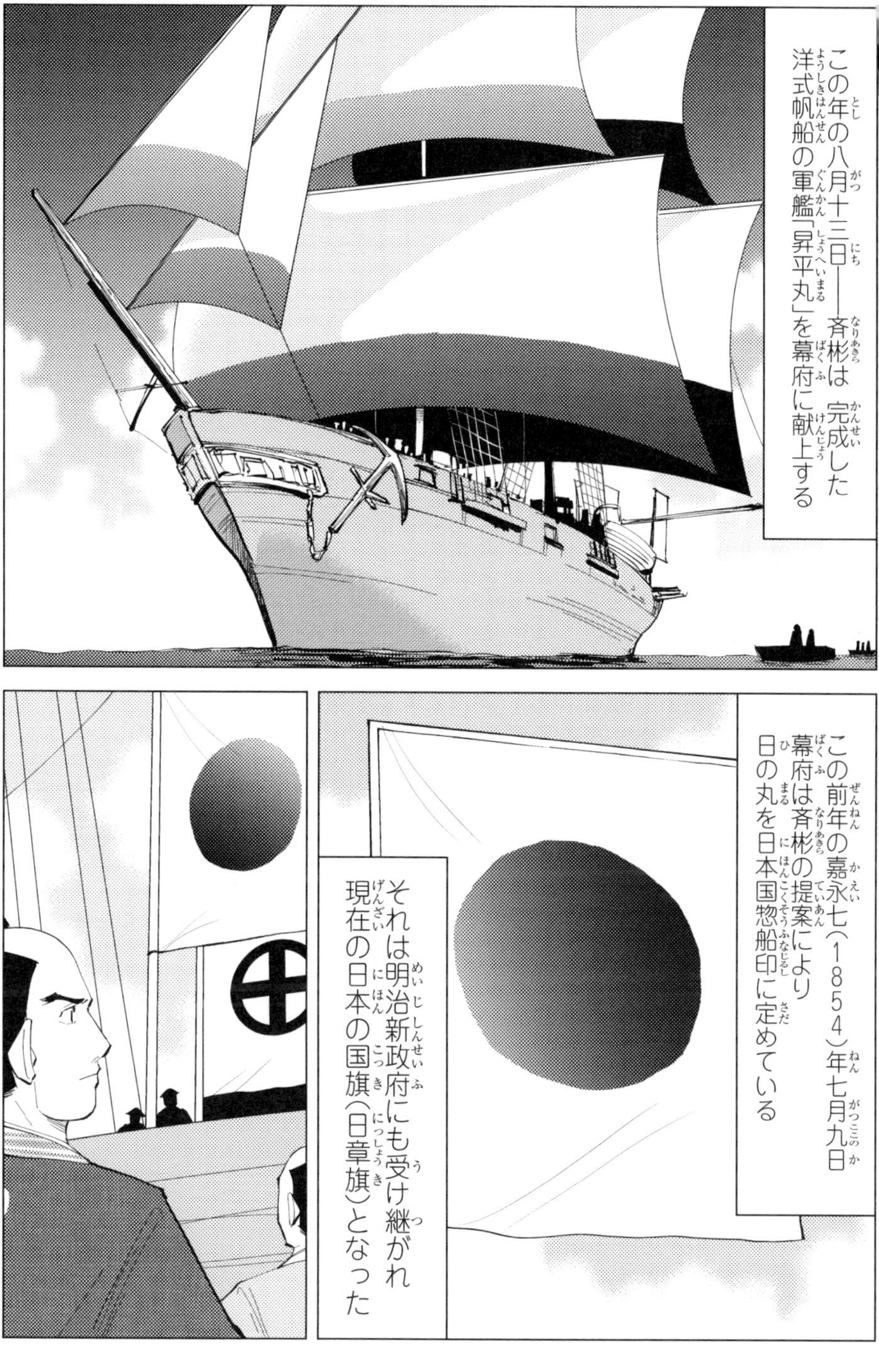
この年《とし》の八月《がつ》十三日《にち》——斉彬《なりあきら》は完成《かんせい》した
洋式帆船《ようしきはんせん》の軍艦《ぐんかん》「昇平丸《しょうへいまる》」を幕府《ばくふ》に献上《けんじょう》する
この前年《ぜんねん》の嘉永《かえい》七（1854）年《ねん》七月九日《がつここのか》
幕府《ばくふ》は斉彬《なりあきら》の提案《ていあん》により
日《ひ》の丸《まる》を日本国惣船印《にほんこくそうふなじるし》に定《さだ》めている
それは明治新政府《めいじしんせいふ》にも受《う》け継《つ》がれ
現在《げんざい》の日本《にほん》の国旗《こっき》（日章旗《にっしょうき》）となった

惣船印…船舶用《せんぱくよう》の国籍標識《こくせきひょうしき》。

いつか……
いつか純国産《じゅんこくさん》の艦船《かんせん》で
西洋《せいよう》に負《ま》けぬ大艦隊《だいかんたい》を
……！
安政《あんせい》二年《ねん》八月《がつ》には国産初《こくさんはつ》となる蒸気船《じょうきせん》
「雲行丸《うんこうまる》」の試運転《しうんてん》も薩摩《さつま》は成功《せいこう》している
ワアッ
しがなったど
同年《どうねん》十月《がつ》──幕府《ばくふ》は海軍《かいぐん》の洋式近代化《ようしききんだいか》のため
長崎《ながさき》に海軍伝習所《かいぐんでんしゅうしょ》を創設《そうせつ》し
オランダから教官《きょうかん》を招《まね》いて人材育成《じんざいいくせい》に努《つと》めた
創設《そうせつ》に関与《かんよ》した薩摩藩《さつまはん》からも
五代友厚《ごだいともあつ》などが伝習生《でんしゅうせい》として派遣《はけん》された
薩摩藩士《さつまはんし》
五代友厚《ごだいともあつ》

安政《あんせい》三（1856）年《ねん》十二月《がつ》十八日《にち》
斉彬《なりあきら》の養女《ようじょ》・篤姫《あつひめ》は
将軍《しょうぐん》・家定《いえさだ》の正室《せいしつ》として大奥《おおおく》に入《はい》った
その豪華《ごうか》な花嫁行列《はなよめぎょうれつ》は
渋谷《しぶや》の薩摩藩邸《さつまはんてい》から四里先《りさき》の江戸城《えどじょう》まで
つながるほどだったという
安政《あんせい》四（1857）年《ねん》二月《がつ》
斉彬《なりあきら》は阿部《あべ》の抜擢《ばってき》で登城時《とじょうじ》の大廊下詰《おおろうかづめ》を命《めい》ぜられた
従来《じゅうらい》 大廊下詰《おおろうかづめ》は ほぼ将軍家《しょうぐんけ》の親族《しんぞく》に限《かぎ》られ――
外様大名《とざまだいみょう》である斉彬《なりあきら》が抜擢《ばってき》されたことは
異例中《いれいちゅう》の異例《いれい》であった
これは井伊《いい》どの……

江戸城本丸内の大名が詰める座敷の一つ。

外様大名《とざまだいみょう》…関《せき》ヶ原《がはら》の合戦以後《かっせんいご》に徳川《とくがわ》の臣下《しんか》になった大名《だいみょう》。

……ご出世《しゅっせ》 おめでたく 存《ぞん》じまする
しかし 大廊下詰《おおろうかづめ》とはいえ 外様大名《とざまだいみょう》の政治《せいじ》への口出《くちだ》しは 許《ゆる》されておりませぬ
それを お忘《わす》れなきよう ……
ご忠告《ちゅうこく》 痛《いた》み入《い》ります
外様《とざま》が上様《うえさま》の お近《ちか》くに詰《つ》めるなど ありえませぬ ……
ヒソヒソ
ふっ……まあ 今《いま》に見《み》ておれ
………

第五章《だいごしょう》　日輪《にちりん》の如《ごと》く

安政《あんせい》三（1856）年《ねん》七月《がつ》
下田《しもだ》に駐留《ちゅうりゅう》したハリスは
通商条約《つうしょうじょうやく》を結《むす》んで
日本《にほん》を開国《かいこく》させるべく
粘《ねば》り強《づよ》い交渉《こうしょう》を続《つづ》けていた
開国《かいこく》するまで一歩《いっぽ》も退《ひ》きません
アメリカ総領事《そうりょうじ》
タウンゼント・ハリス
下田奉行《しもだぶぎょう》
中村時万《なかむらときつむ》
困《こま》り申《もう》したな
……
下田奉行《しもだぶぎょう》
井上清直《いのうえきよなお》

…相手国民の入国・居住、領事の交換などを取《と》り決《き》める。

安政《あんせい》四（1857）年《ねん》六月《がつ》
老中《ろうじゅう》・阿部正弘《あべまさひろ》が病《やまい》に倒《たお》れる
井伊《いい》どのが「南紀派《なんきは》」として慶福公《よしとみこう》を次期将軍《じきしょうぐん》に推《お》しているのが気《き》がかりですな……
ご案《あん》じめされるな 我《われ》ら「一橋派《ひとつばしは》」には 斉彬《なりあきら》どのという 強《つよ》い味方《みかた》がついておる ではありませんか
そうでしたな慶永《よしなが》どの 外交《がいこう》では開国《かいこく》―― 内政《ないせい》では将軍継嗣《しょうぐんけいし》
国《くに》を開《ひら》き…… 一橋慶喜公《ひとつばしよしのぶこう》を 次《つぎ》の将軍《しょうぐん》に就《つ》かせるまでは この正弘《まさひろ》……ここで ふせってはおられませぬ
せめて薩摩《さつま》におられる 斉彬《なりあきら》どのが 江戸《えど》に 出府《しゅっぷ》されるまでは……
げほ げほっ
阿部《あべ》どの！

薩摩《さつま》・鶴丸城《つるまるじょう》
阿部《あべ》どのが亡《な》くなった!?
……なんということだ!
西郷《さいごう》よ直《ただ》ちに江戸《えど》へ参《まい》れ!
福井藩《ふくいはん》の松平慶永《まつだいらよしなが》どのや大奥《おおおく》の篤姫《あつひめ》の協力《きょうりょく》を仰《あお》ぎ必《かなら》ずや一橋慶喜公《ひとつばしよしのぶこう》を次《つぎ》の公方様《くぼうさま》にお就《つ》けするのだ!
ははっ!
──しかし 南紀派《なんきは》の妨害《ぼうがい》も多《おお》く西郷《さいごう》の工作《こうさく》は思《おも》うように捗《はかど》らなかった

攘夷《じょうい》…外国人《がいこくじん》を追《お》い払《はら》うこと。上洛《じょうらく》…京《きょう》の都《みやこ》へ上《のぼ》ること。尊王《そんのう》…天皇《てんのう》を尊《とうと》ぶこと。

藩《はん》。親藩《しんぱん》で徳川御三家《とくがわごさんけ》のひとつ。

将軍継嗣《しょうぐんけいし》についても一橋慶喜公《ひとつばしよしのぶこう》か徳川慶福公《とくがわよしとみこう》のいずれが適任《てきにん》かで意見《いけん》が真《ま》っ二《ぷた》つに分《わ》かれておりますが……
老中《ろうじゅう》・上田藩主《うえだはんしゅ》
松平忠固《まつだいらただかた》
ならばいっそのこと開国《かいこく》と慶喜公《よしのぶこう》の将軍継嗣《しょうぐんけいし》を併《あわ》せて帝《みかど》の勅許《ちょっきょ》を賜《たまわ》りましょう
水戸《みと》の顔色《かおいろ》をうかがってか知《し》らぬが——
堀田《ほった》どのそれはさすがに……
ぎくっ
いや
……実《じつ》によきご思案《しあん》かと存《ぞん》ずる
彦根藩主《ひこねはんしゅ》 井伊直弼《いいなおすけ》
ホッ
……
ニヤリ
安政《あんせい》五（1858）年正月《ねんしょうがつ》二十一日《にち》
堀田《ほった》は天皇《てんのう》の勅許《ちょっきょ》を求《もと》めて江戸《えど》を発《た》つ

斉彬《なりあきら》も西郷《さいごう》を京《きょう》へ上《のぼ》らせ
勅許《ちょっきょ》を得《え》られるよう
根回《ねまわ》しをさせるが――
国《くに》を開《ひら》くなど
断《だん》じて認《みと》めぬ！
孝明天皇《こうめいてんのう》
そ……
そんな！
当然《とうぜん》でおじゃろう？
異人《いじん》など獣同然《けものどうぜん》
そのような穢《けが》れた連中《れんちゅう》を
神州日本《しんしゅうにほん》に入《い》れるなど
言語道断《ごんごどうだん》であるっ！

慶喜《よしのぶ》を将軍継嗣《しょうぐんけいし》とする勅許《ちょっきょ》も得《え》られず
堀田《ほった》は茫然自失《ぼうぜんじしつ》で江戸《えど》へ帰《かえ》る
さらには四月《がつ》二十三日《にち》に
井伊直弼《いいなおすけ》が大老《たいろう》に就任《しゅうにん》したことで
南紀派《なんきは》の優勢《ゆうせい》が決定的《けっていてき》となる
薩摩《さつま》・鶴丸城《つるまるじょう》
西郷《さいごう》には近衛忠熙卿《このえただひろきょう》を
通《つう》じて帝《みかど》を動《うご》かすよう
京《きょう》へ政治工作《せいじこうさく》に
行《い》ってもらったが……
まさか開国《かいこく》と
慶喜公《よしのぶこう》の継嗣《けいし》
両方通《りょうほうとお》らぬとは！

臨時の江戸幕府最高職。
近衛忠熙……このとき、左大臣（のち関白《かんぱく》）。正室《せいしつ》は斉彬《なりあきら》の叔母《おば》・郁姫《いくひめ》。

山川《やまかわ》…現在《げんざい》の鹿児島県指宿市《かごしまけんいぶすきし》。

年に長崎海軍伝習所の練習艦としてオランダが江戸幕府へ贈《おく》った軍艦《ぐんかん》。江戸《えど》幕府初《ばくふはつ》の蒸気船《じょうきせん》。

奔馬《ほんば》…勢《いきお》いよく走《はし》る馬《うま》。勢《いきお》いの激《はげ》しいこと。

今《いま》は京《きょう》だが いずれ 機会《きかい》をみて紹介《しょうかい》しよう
ぜひ!
そしてこれが 弟《おとうと》の忠教《ただゆき》だ わしもかなわぬ ほどの努力家《どりょくか》よ
……! そのように 思《おも》っていただいて いたとは……
感激《かんげき》です 兄上《あにうえ》!
薩摩《さつま》は人材《じんざい》に恵《めぐ》まれて うらやましい限《かぎ》りですな
幕府《ばくふ》にもそれほどの 人材《じんざい》がおれば……
六月七日《がつなのか》——開国《かいこく》と慶喜《よしのぶ》を将軍継嗣《しょうぐんけいし》にする ための朝廷工作《ちょうていこうさく》が失敗《しっぱい》に終《お》わった 西郷《さいごう》もまた失意《しつい》のうちに薩摩《さつま》に帰国《きこく》する

いけなご処断《しょだん》でも
お受《う》けいたしもす
天朝《てんちょう》を説得《せっとく》
できなかったのは
おぬしのせいではない
わしも肝心《かんじん》な時《とき》に
江戸《えど》を
留守《るす》にしておった
じゃっどん
こんままでは
……
わかっておる
よいか西郷《さいごう》
おぬしには人《ひと》を
魅了《みりょう》してやまぬ
不思議《ふしぎ》な力《ちから》がある
!!

わしの大願成就《たいがんじょうじゅ》には
おぬしのその底知《そこし》れぬ力《ちから》が
どうしても必要《ひつよう》なのだ
トンボ返《がえ》りになるが
また京《きょう》へ
向《む》こうてくれ
殿《との》…… 何《なに》か重大《じゅうだい》な
決心《けっしん》をしておられる
ご様子《ようす》……
承知《しょうち》いたしもした！
こいは
ただごとでは
ありもはんど
六月《がつ》十八日《にち》
西郷《さいごう》は慌《あわ》ただしく薩摩《さつま》を発《た》つ

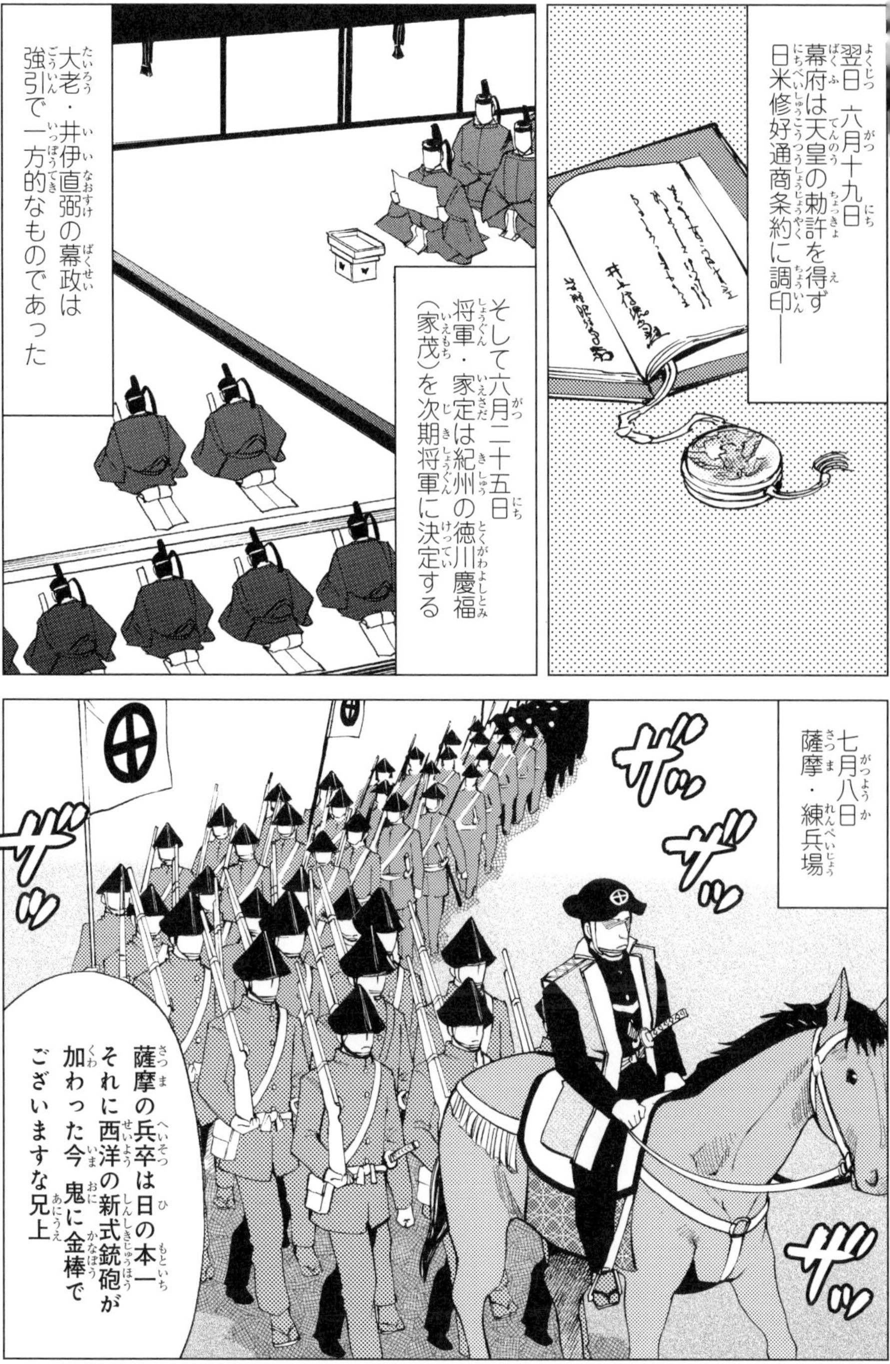
翌日《よくじつ》 六月《がつ》十九日《にち》
幕府《ばくふ》は天皇《てんのう》の勅許《ちょっきょ》を得《え》ず
日米修好通商条約《にちべいしゅうこうつうしょうじょうやく》に調印《ちょういん》——
そして六月《がつ》二十五日《にち》
将軍《しょうぐん》・家定《いえさだ》は紀州《きしゅう》の徳川慶福《とくがわよしとみ》
（家茂《いえもち》）を次期将軍《じきしょうぐん》に決定《けってい》する
大老《たいろう》・井伊直弼《いいなおすけ》の幕政《ばくせい》は
強引《ごういん》で一方的《いっぽうてき》なものであった
七月《がつ》八日《ようか》
薩摩《さつま》・練兵場《れんぺいじょう》
ザッ
ザッ
ザッ
ザッ
薩摩《さつま》の兵卒《へいそつ》は日《ひ》の本一《もといち》
それに西洋《せいよう》の新式銃砲《しんしきじゅうほう》が
加《くわ》わった今《いま》 鬼《おに》に金棒《かなぼう》で
ございますな兄上《あにうえ》

……この精鋭《せいえい》たちを動員《どういん》する時《とき》が来《き》たようじゃ
えっ？
江戸《えど》では井伊大老《いいたいろう》による専横政治《せんおうせいじ》が深刻《しんこく》な問題《もんだい》になっておる
すでに邪魔者《じゃまもの》の排斥《はいせき》に乗《の》り出《だ》したとも聞《き》く……
ということは兄上《あにうえ》 薩摩《さつま》の兵《へい》たちを使《つか》って……？
うむ 武装上洛《ぶそうじょうらく》するのだ 御所《ごしょ》をお護《まも》りして 天朝《てんちょう》に働《はたら》きかけ 勅許《ちょっきょ》をいただき……
わが手《て》で幕政《ばくせい》を改革《かいかく》する！
おおっ！

その時《とき》は京《きょう》にいる
西郷《さいごう》が必《かなら》ず役《やく》に立《た》つ
これ以上《いじょう》……井伊大老《いいたいろう》に
好《す》き勝手《かって》な真似《まね》は……
させら……れぬ！
フラ…
？……
兄上《あにうえ》！
どっ
ううっ！
あ……！
……兄上《あにうえ》
しっかり！
医者《いしゃ》じゃ！
医者《いしゃ》を呼《よ》べ

斉彬《なりあきら》は病床《びょうしょう》で松平慶永《まつだいらよしなが》ら
一橋派《ひとつばしは》が井伊大老《いいたいろう》によって
厳罰《げんばつ》に処《しょ》されたことを知《し》る
井伊《いい》……もう……そのような時代《じだい》ではないのじゃ
……諸侯《しょこう》が力《ちから》を合《あ》わせる新《あたら》しい……国政《こくせい》の仕組《しく》みを……
兄上《あにうえ》！
はっ
忠教《ただゆき》……

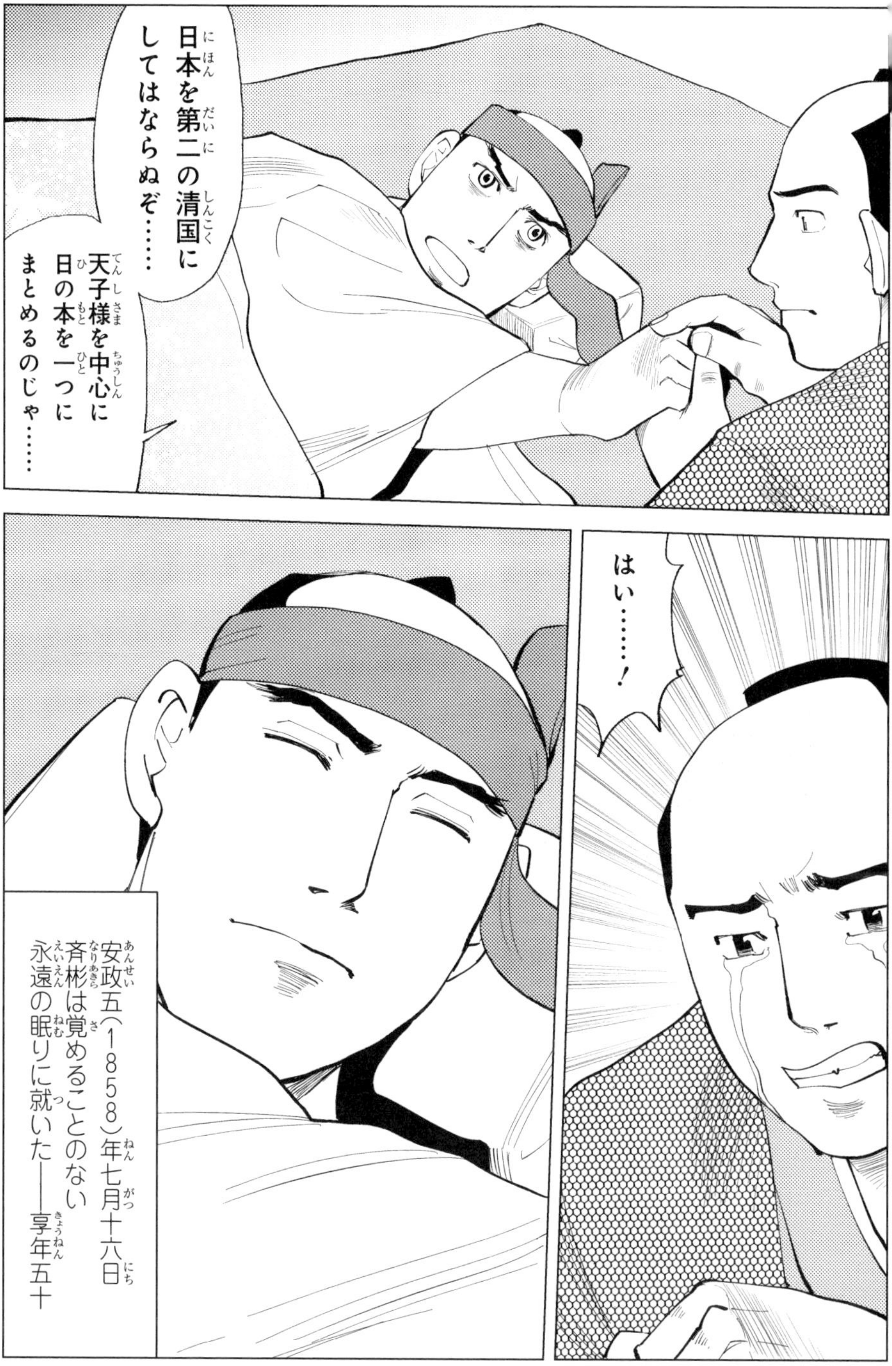

日本《にほん》を第二《だいに》の清国《しんこく》にしてはならぬぞ……
天子様《てんしさま》を中心《ちゅうしん》に日《ひ》の本《もと》を一《ひと》つにまとめるのじゃ……
はい……!
安政《あんせい》五（1858）年《ねん》七月《がつ》十六日《にち》斉彬《なりあきら》は覚《さ》めることのない永遠《えいえん》の眠《ねむ》りに就《つ》いた――享年《きょうねん》五十

九月《がつ》から本格化《ほんかくか》した「安政《あんせい》の大獄《たいごく》」により
長州藩士《ちょうしゅうはんし》の吉田松陰《よしだしょういん》や福井藩士《ふくいはんし》の橋本左内《はしもとさない》など
多《おお》くの優秀《ゆうしゅう》な人材《じんざい》が理不尽《りふじん》に投獄《とうごく》され
死罪《しざい》となった
福井藩士《ふくいはんし》 橋本左内《はしもとさない》
長州藩士《ちょうしゅうはんし》 吉田松陰《よしだしょういん》
小浜藩士《おばまはんし》 梅田雲浜《うめだうんぴん》

西郷《さいごう》は斉彬《なりあきら》の死《し》で将来《しょうらい》を悲観《ひかん》し――
ともに活動《かつどう》した京《きょう》の僧《そう》・月照《げっしょう》と
入水自殺《じゅすいじさつ》を図《はか》る

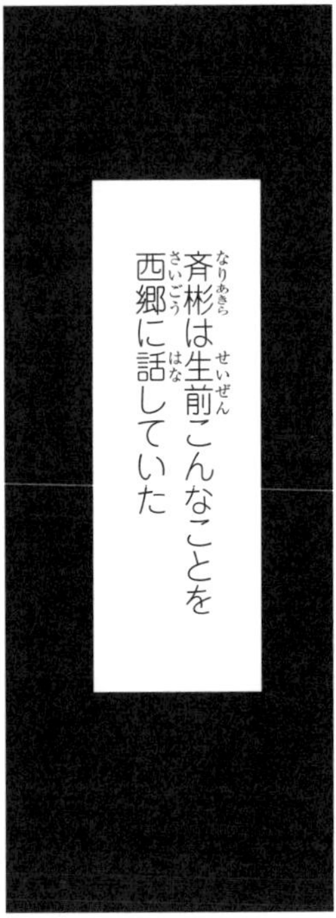
斉彬《なりあきら》は生前《せいぜん》こんなことを
西郷《さいごう》に話《はな》していた

入水《じゅすい》…水中《すいちゅう》に身《み》を投《な》げ死《し》ぬこと。

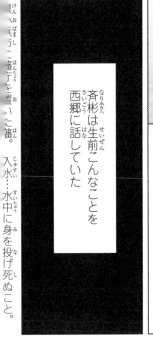

新《あたら》しい日本《にほん》はどうあるべきかのう西郷《さいごう》よ
殿《との》……難《むずか》しいことはそれがしにはわかりもはん
考《かんが》えるのじゃ まず第一《だいいち》により多《おお》くの民衆《みんしゅう》の声《こえ》に耳《みみ》を傾《かたむ》けることだ
そうじゃ 今《いま》のように閉《と》ざされた部屋《へや》の中《なか》で一握《ひとにぎ》りの人間《にんげん》だけがコソコソ話《はな》し合《あ》って政治《せいじ》を決《き》めるのはよろしくない
より多《おお》くの……でごわすか？
諸侯《しょこう》も国《くに》の行《ゆ》く末《すえ》を決《き》める話《はな》し合《あ》いに加《くわ》えるべきだ
なるほど

諸侯《しょこう》だけではないぞ 優秀《ゆうしゅう》なら身分《みぶん》を問《と》わず この話《はな》し合《あ》いに加《くわ》わって しかるべきだと わしは思《おも》う
たとえば その方《ほう》らのような 一般《いっぱん》の藩士《はんし》でものぅ
なんと! それがしが?
「自由《じゆう》」という 最強《さいきょう》の武器《ぶき》を持《も》った アメリカの強《つよ》さを 我《われ》らも学《まな》ぶのじゃ
殿《との》!

さあ行《い》くぞ！
西郷《さいごう》 時代《じだい》は
お前《まえ》たちを
待《ま》っている
パカラッ
パカラッ
その手《て》で
新《あたら》しい世《よ》の中《なか》を
切《き》り拓《ひら》くのだ！
がはっ
殿《との》！
おおっ
気《き》がついた！
西郷《せご》どんが息《いき》を
吹《ふ》き返《かえ》したぞ！
……オイは
助《たす》かったとか？
おはんまで
死《し》んだら薩摩《さつま》は
どげんすっとか！

桜田門《さくらだもん》…江戸城内《えどじょうない》の門《もん》の一《ひと》つ。江戸城《えどじょう》の南西《なんせい》にあたる。

文久《ぶんきゅう》二（1862）年《ねん》四月《がつ》
久光《ひさみつ》は兵《へい》を率《ひき》いて兄《あに》・斉彬《なりあきら》が
成《な》しえなかった上洛《じょうらく》を果《は》たし――
兄上《あにうえ》のご遺志《いし》は この久光《ひさみつ》が 継《つ》ぐ！
松平春嶽《まつだいらしゅんがく》（慶永《よしなが》）らと協力《きょうりょく》して
公武合体運動《こうぶがったいうんどう》に邁進《まいしん》する

やがて藩《はん》の方針《ほうしん》は公武合体《こうぶがったい》から討幕《とうばく》に転《てん》じ
西郷隆盛《さいごうたかもり》（吉之助《きちのすけ》）や大久保利通《おおくぼとしみち》らが主導《しゅどう》して
長州藩《ちょうしゅうはん》などとともに明治政府《めいじせいふ》の樹立《じゅりつ》に尽力《じんりょく》した
小松帯刀《こまつたてわき》
大久保利通《おおくぼとしみち》

幕末《ばくまつ》における
薩摩藩《さつまはん》の大躍進《だいやくしん》の基礎《きそ》を築《きず》き
日本《にほん》を明治維新《めいじいしん》へと導《みちび》いた斉彬《なりあきら》は――
照國大明神《てるくにだいみょうじん》として
鹿児島《かごしま》の照國神社《てるくにじんじゃ》に祀《まつ》られている

島《しま》津《づ》斉彬《なりあきら》を知《し》るための

基《き》礎《そ》知《ち》識《しき》

解説《かいせつ》

加来耕三《かくこうぞう》

「島津《しまづ》にバカ殿《との》なし」

といわれた薩摩藩主《さつまはんしゅ》の中《なか》にあっても、十一代《だい》（島津宗家《しまづそうけ》二十八代《だい》）の島津斉彬《しまづなりあきら》は、あまりにも出色《しゅっしょく》でありすぎた。なにぶんにも同時代《どうじだい》、三百諸侯中《びゃくしょこうちゅう》、〝英明第一《えいめいだいいち》〟と称《しょう》せられた人物《じんぶつ》である。

ちなみに、ひとつの算出方法《さんしゅつほうほう》によると、徳川《とくがわ》二百《ひゃく》六十五年《ねん》の治世《ちせい》中《ちゅう》、計《けい》五百《ひゃく》八十藩《はん》の歴代藩主《れきだいはんしゅ》は四千《せん》二百《ひゃく》九十余名《よめい》を数《かぞ》えたが、これらの大名《だいみょう》のなかで、後世《こうせい》のわれわれが評価《ひょうか》して「名君《めいくん》」とか、「賢侯《けんこう》」と呼《よ》ぶに値《あたい》した人物《じんぶつ》は、おそらく全体《ぜんたい》の一パーセント――四十余名《よめい》を挙《あ》げるのも難《むずか》しいに違《ちが》いない。

幕末《ばくまつ》の〝四賢侯《しけんこう》〟として定着《ていちゃく》した四人《にん》のひとり、越前福井藩主《えちぜんふくいはんしゅ》（十六代《だい》）松平慶永《まつだいらよしなが》（号《ごう》して春嶽《しゅんがく》）などは、学才《がくさい》が豊《ゆた》かであるうえに、出自《しゅつじ》が八代将軍吉宗《だいしょうぐんよしむね》の玄孫《げんそん》（孫《まご》の孫《まご》）である徳川御三卿《とくがわごさんきょう》の一《いっ》・田安家《たやすけ》に生《う》まれ、「御家門《ごかもん》」(1)の越前松平家《えちぜんまつだいらけ》の養嗣子《ようしし》(2)となっただけに、他人《たにん》を

(1)御家門《ごかもん》…徳川将軍家《とくがわしょうぐんけ》の親族《しんぞく》のうち、御三家《ごさんけ》と田安《たやす》・一橋《ひとつばし》・清水《しみず》の御三卿《ごさんきょう》をのぞく、越前松平家《えちぜんまつだいらけ》・会津松平家《あいづまつだいらけ》などのこと。

(2)養嗣子《ようしし》…養子《ようし》で跡継《あとつ》ぎになった子《こ》。

あまり褒《ほ》めたことがなかったが、ひとり斉彬《なりあきら》だけは別格《べっかく》であり、

性質《せいしつ》温恭《おんきょう》(3)忠順《ちゅうじゅん》(4)、賢明《けんめい》にして大度《たいど》(5)有所《あるところ》、水府老公《すいふろうこう》（水戸藩主《みとはんしゅ》・徳川《とくがわ》斉昭《なりあき》）、容堂《ようどう》（土佐藩主山内豊信《とさはんしゅやまうちとよしげ》・四賢侯《しけんこう》のひとり）如《ごと》きとは、同日《どうじつ》に論《ろん》じ難《がた》し。天下《てんか》の英明《えいめい》なるは、実《じつ》に近世最第一《きんせいさいだいいち》なるべし。

（『逸事史補《いつじしほ》』）

と手放《てばな》しで、激賞《げきしょう》している。

人物評《じんぶつひょう》の辛《から》いことで知《し》られる勝海舟《かつかいしゅう》も、ひとり斉彬《なりあきら》だけは、

「公《こう》は偉《えら》い人《ひと》だったよ」

と後年《こうねん》、しみじみと語《かた》り、『亡友帖《ぼうゆうちょう》』の中《なか》でも、

侯《こう》（島津斉彬《しまづなりあきら》）、天質温和《てんしつおんわ》(6)、容貌整秀《ようぼうせいしゅう》、臨《のぞ》むべく、其《その》威望《いぼう》(7)凛乎《りんこ》(8)、犯《おか》すべからず。度量遠大《どりょうえんだい》、執一之見《しゅういつのけん》(9)無《な》く、殆《ほとん》ど一世《いっせい》(10)を籠罩《ろうとう》するの概《がい》あり。

(3)温恭《おんきょう》…おだやかで慎《つつし》み深《ぶか》いこと。

(4)忠順《ちゅうじゅん》…真心《まごころ》があって主君《しゅくん》に従順《じゅうじゅん》なこと。

(5)大度《たいど》…心《こころ》が広《ひろ》いこと。

(6)天質《てんしつ》…生《う》まれつきの性質《せいしつ》。

(7)威望《いぼう》…威光《いこう》と人望《じんぼう》。

(8)凛乎《りんこ》…りりしくて勇《いさ》ましいこと。

(9)執一之見無《しゅういつのけんな》く…物事《ものごと》の見方《みかた》に柔軟性《じゅうなんせい》がある。

(10)一世《いっせい》を籠罩《ろうとう》する…世《よ》をおおいつくす。

と述《の》べ、この文章《ぶんしょう》につづいて、薩摩藩《さつまはん》から人材《じんざい》が輩出《はいしゅつ》したのもすべて斉彬《なりあきら》の「薫陶培養《くんとうばいよう》の致《いた》す所《ところ》」だ、と言《い》い切《き》ってはばからなかった。

その斉彬《なりあきら》の薫陶《くんとう》の結晶《けっしょう》を、ひとりあげれば西郷隆盛《さいごうたかもり》であろう。

明治政府《めいじせいふ》より重《おも》い、とまでいわれた西郷《さいごう》は、のちに「敬天愛人《けいてんあいじん》」(11)のスローガンを掲《かか》げた。が、この〝天《てん》〟とは具体的《ぐたいてき》につきつめれば、斉彬《なりあきら》に行《い》きつくことを知《し》る人《ひと》は少《すく》ない。

「どのような方《かた》でしたか」

と、主君斉彬《しゅくんなりあきら》のことを問《と》われた西郷《さいごう》は、ただ一言《ひとこと》、

「お天道《てんとう》さまのような人《ひと》で……」

と、あとは涙《なみだ》で言葉《ことば》にならなかったという。

筆者《ひっしゃ》は常《つね》に思《おも》ってきたのだが、明治維新《めいじいしん》という日本史上《にほんしじょう》の大業《たいぎょう》は、先人《せんじん》の斉彬《なりあきら》における先見性《せんけんせい》や思想《しそう》、哲学《てつがく》が、愛弟子《まなでし》ともいうべき西郷《さいごう》に受《う》け継《つ》がれて実現《じつげん》されたもの、といえるのではないか。

文化《ぶんか》六(一八〇九)年《ねん》九月《がつ》、薩摩藩《さつまはん》十代藩主《だいはんしゅ》・島津斉興《しまづなりおき》の嫡子《ちゃくし》(12)に生《う》まれた斉彬《なりあきら》は、和歌《わか》もできれば、画《が》は狩野派《かのうは》を能《よ》くし、習字《しゅうじ》は御《お》

(11)敬天愛人《けいてんあいじん》…天《てん》を敬《うやま》い、人《ひと》を愛《あい》すること。

(12)嫡子《ちゃくし》…家督《かとく》を継《つ》ぐ子《こ》。

家流《いえりゅう》の名筆《めいひつ》。活花《いけばな》、茶《ちゃ》の湯《ゆ》、能《のう》、鼓《つづみ》、謡曲《ようきょく》――およそ、芸事《げいごと》で上達《じょうたつ》に苦労《くろう》したものがなかった。学問《がくもん》は和漢《わかん》に加《くわ》えて、時代《じだい》の最先端《さいせんたん》をいく蘭学《らんがく》にも精通《せいつう》し、曾祖父《そうそふ》重豪《しげひで》（八代藩主《だいはんしゅ》）以上《いじょう》の才覚《さいかく》を発揮《はっき》している。

では、才能《さいのう》は〝文《ぶん》〟のほうだけかというと、さにあらず。八歳《さい》からはじめた馬術《ばじゅつ》は名人《めいじん》の域《いき》に達《たっ》し、剛弓《ごうきゅう》も引《ひ》けば、槍《やり》もよくつかった。

薩摩藩士《さつまはんし》・松木弘安《まつきこうあん》（のちの寺島宗則《てらしまむねのり》・外務卿《がいむきょう》）は、斉彬《なりあきら》の側近《そっきん》として仕《つか》えたが、その手記《しゅき》の中《なか》で、次《つぎ》のように述《の》べている。

公《こう》（斉彬《なりあきら》）言行寛徐《げんこうかんじょ》（ゆったりとしている）なり、然《しか》れども性敏《せいびん》鋭《えい》、少事《しょうじ》も無事《ぶじ》なるを苦《くる》しみ、毎朝《まいあさ》十時政庁《じせいちょう》に出《で》て、午後《ごご》二時燕居《じえんきょ》（寛《くつろ》ぎの場所《ばしょ》）に退《しりぞ》かれ、更《さら》に宿直《とのい》の侍者《じしゃ》を召《め》して、公事《こうじ》を命《めい》じ、或《あるい》は各藩主《かくはんしゅ》など往復《おうふく》の書簡《しょかん》を親《みずか》ら復読《ふくどく》し、或《あるい》は簡《かん》（手紙《てがみ》）を出《だ》し、同《どう》時他臣《じたしん》の傍《かたわら》に在《あ》りて用《よう》を弁《べん》ずるを聞《き》き、又案前《またあんぜん》（机《つくえ》の前《まえ》）書《しょ》を講読《こうどく》するものあるの類《たぐい》、必《かなら》ず一時《いちどき》に二事《じ》三事《じ》四事《じ》に渉《わた》らざることなく、如《かくの》斯《ごく》にも多忙《たぼう》を常《つね》とせられ、毎事明決《まいじめいけつ》、其計画立処《そのけいかくたちどころ》に成《な》らざることなし。

同時《どうじ》に、幾人《いくにん》もの説《せつ》を聞《き》きわけた、といわれる聖徳太子《しょうとくたいし》のイメージである。松木《まつき》は、一時《いちどき》にいくつもの判断《はんだん》を正確《せいかく》に下《くだ》せたという点《てん》について、斉彬《なりあきら》のことを、「二《ふた》つ頭《びんた》」と評《ひょう》して感嘆《かんたん》したという。薩摩言葉《さつまことば》でいう、優秀《ゆうしゅう》な人《ひと》の〝二人前《にんまえ》の頭脳《ずのう》〟を斉彬《なりあきら》は持《も》っていたというのだ。

では、前出《ぜんしゅつ》の松平春嶽《まつだいらしゅんがく》をして、「近世最第一《きんせいさいだいいち》なるべし」と言《い》わしめた斉彬《なりあきら》の凄味《すごみ》は、いったい何処《どこ》にあったのであろうか。筆者《ひっしゃ》はその類《たぐ》いまれな英邁《えいまい》さを、斉彬《なりあきら》の手記《しゅき》『アヘン戦争始末《せんそうしまつ》』にみる。

幕末《ばくまつ》の天地《てんち》を揺《ゆ》るがすペリー来航《らいこう》の十三年前《ねんまえ》、隣国清王朝《りんごくしんおうちょう》がイギリスにアヘン(13)を売《う》りつけられたことが端緒《たんしょ》となり、戦争《せんそう》に及《およ》んだ。

日本人《にほんじん》の多《おお》くは、師匠《ししょう》の国《くに》として中国《ちゅうごく》に絶大《ぜつだい》な信頼《しんらい》を寄《よ》せていた。が、その大国清《たいこくしん》が、ヨーロッパの島国《しまぐに》＝イギリスに、まさかの敗北《はいぼく》を喫《きっ》してしまった。斉彬《なりあきら》はこの一件《いっけん》を蘭書《らんしょ》(14)や蘭学者《らんがくしゃ》から伝《つた》え聞《き》き、戦勝《せんしょう》国《こく》イギリスの強《つよ》さの秘密《ひみつ》が、「鉄砲《てっぽう》と艦船《かんせん》」にあることをつきとめる。

(13)アヘン…ケシの実《み》の液《えき》からつくる麻薬《まやく》。

(14)蘭書《らんしょ》…オランダ語《ご》で書《か》かれた書物《しょもつ》。

また、この英邁《えいまい》な藩主《はんしゅ》は、その根元《こんげん》を、「製鉄《せいてつ》と蒸気《じょうき》機関《きかん》の理法《りほう》」と分析《ぶんせき》してみせた。斉彬《なりあきら》の偉大《いだい》さは、むしろ、ここからであった。さらに「製鉄《せいてつ》と蒸気機関《じょうききかん》の理法《りほう》」を探究《たんきゅう》し、

「窮理《きゅうり》（物理《ぶつり》）と舎密《せいみ》（化学《かがく》）」

この二《ふた》つの学問《がくもん》にこそ、欧米列強《おうべいれっきょう》の強《つよ》さの基礎《きそ》があったと看破《かんぱ》。

「一日《にち》も早《はや》くこの二《ふた》つを実現《じつげん》すべく洋学《ようがく》を研究《けんきゅう》し、活用《かつよう》しなければならない」

と、斉彬《なりあきら》は結論《けつろん》づけている。

同時《どうじ》に、次《つぎ》のような見解《けんかい》をも示《しめ》していた。

「――欧米列強《おうべいれっきょう》は、明《あき》らかに日本国《にほんこく》を占領併合《せんりょうへいごう》するべくやってこよう。日本《にほん》を守《まも》るためには、国《くに》が一《ひと》つにまとまる政治《せいじ》の体制《たいせい》をつくり、殖《しょく》産《さん》・興業《こうぎょう》・強兵《きょうへい》・海運《かいうん》を開発《かいはつ》して、わが方《ほう》から彼《かれ》らの勢力圏《せいりょくけん》へ打《う》って出《で》るほどの、威力《いりょく》を示《しめ》さなければ、到底《とうてい》、列強《れっきょう》の脅威《きょうい》を防《ふせ》ぎきれるものではない」

当時《とうじ》、斉彬《なりあきら》はそのあまりに英邁《えいまい》な人柄《ひとがら》を恐《おそ》れられ、藩内《はんない》の保守勢《ほしゅせい》

力《りょく》を中心《ちゅうしん》に妨害《ぼうがい》され、いまだ藩主《はんしゅ》の座《ざ》には就《つ》いていなかった。
だが、三十代《だい》の若《わか》さで斉彬《なりあきら》は、明確《めいかく》に明治日本《めいじにほん》の進路《しんろ》をすら予言《よげん》していたことになる。では、斉彬《なりあきら》のこうした秀逸《しゅういつ》さの秘密《ひみつ》は、何処《どこ》にあったのであろうか。
一《ひと》つはよく似《に》ている、と反対派《はんたいは》が恐《おそ》れる曾祖父重豪《そうそふしげひで》の影響《えいきょう》――蘭学《らんがく》に負《お》うところが大《おお》きかった。
天保《てんぽう》十三（一八四二）年《ねん》八月《がつ》に、アヘン戦争《せんそう》が終結《しゅうけつ》し、敗《やぶ》れた清《しん》国《こく》はイギリスに香港《ホンコン》を奪《うば》われ、上海《シャンハイ》など五港《こう》を貿易港《ぼうえきこう》として開《ひら》かされた。居留権《きょりゅうけん》も与《あた》えている。
上海《シャンハイ》から長崎《ながさき》までは、蒸気船《じょうきせん》で三日《みっか》の航程《こうてい》にすぎない。斉彬《なりあきら》の蘭学《らんがく》への思《おも》い入《い》れは、外圧《がいあつ》を慮《おもんぱか》って、この頃《ころ》から激《はげ》しさを増《ま》していく。
幕府《ばくふ》の対外政策《たいがいせいさく》を厳《きび》しく批判《ひはん》し、『夢物語《ゆめものがたり》』（『戊戌夢物語《ぼじゅつゆめものがたり》』とも）を著《あらわ》した日本屈指《にほんくっし》の蘭学者《らんがくしゃ》・高野長英《たかのちょうえい》が、幕府《ばくふ》に捕《とら》えられて牢《ろう》につながれ、入獄《にゅうごく》七年後《ねんご》に脱走《だっそう》した時《とき》、その高野《たかの》を匿《かくま》ったのはほかならぬ斉《なり》彬《あきら》であった。オランダ輸入《ゆにゅう》の書物《しょもつ》を高野《たかの》に翻訳《ほんやく》させ、のちにはそれに基《もと》づいて鹿児島湾《かごしまわん》（錦江湾《きんこうわん》）の防備《ぼうび》を固《かた》めている。

島津重豪《しまづしげひで》に似通《にかよ》っていたがために、豪放磊落《ごうほうらいらく》(15)に大金《たいきん》を支出《ししゅつ》し、藩財《はんざい》政《せい》の破綻《はたん》を呼《よ》びかねないと危惧《きぐ》され、藩主就任《はんしゅしゅうにん》の遅《おく》れていた斉彬《なりあきら》は、異母弟《いぼてい》の久光《ひさみつ》を推《お》す反対派《はんたいは》との抗争《こうそう》（お由羅騒動《ゆらそうどう》）に巻《ま》きこまれたものの、老中首座《ろうじゅうしゅざ》・阿部正弘《あべまさひろ》の後援《こうえん》をうけ、ようやく嘉永《かえい》四（一八五一）年《ねん》、四十三歳《さい》で藩主《はんしゅ》の座《ざ》についた。

藩主《はんしゅ》となった斉彬《なりあきら》は、西郷《さいごう》ら下級藩士《かきゅうはんし》を登用《とうよう》し、一方《いっぽう》で矢継《やつ》ぎ早《ばや》に集成館《しゅうせいかん》の化学工場群《かがくこうじょうぐん》、造船《ぞうせん》、砲台《ほうだい》、反射炉《はんしゃろ》などの建設《けんせつ》をスタートさせる。藩士《はんし》・市来四郎《いちきしろう》の『斉彬公御言行録《なりあきらこうおんげんこうろく》』には、次《つぎ》のような九か条《じょう》が列記《れっき》されている。文言《もんごん》を今風《いまふう》に改《あらた》め、以下《いか》に記《しる》してみる。

一、国《くに》の政治《せいじ》というものは、衣食《いしょく》に窮《きゅう》するの民《たみ》なきに至《いた》ってはじめて完全《かんぜん》といえるのだ。そう思《おも》って自分《じぶん》はいつも苦労《くろう》している。

一、天下《てんか》の政治《せいじ》を一変《いっぺん》しなければ、外国《がいこく》との交際《こうさい》は出来《でき》ない。

一、十四、五年後《ねんご》には、薩摩藩《さつまはん》を日本一《にほんいち》の富国《ふこく》にしよう。

(15)豪放磊落《ごうほうらいらく》…太《ふと》っ腹《ぱら》で小事《しょうじ》にこだわらず快活《かいかつ》なこと。

一、惟新《いしん》（義弘《よしひろ》）公《こう》は、軍事《ぐんじ》だけの英雄《えいゆう》ではなかった。経済《けいざい》にもずいぶん心《こころ》をもちいた人《ひと》であった。

一、人間《にんげん》は一癖《ひとくせ》あるような者《もの》でなければ、役《やく》には立《た》たない。

一、人《ひと》に一芸一能《いちげいいちのう》のないものはない。その長《ちょう》ずるところを採《と》れば、捨《す》てる人《ひと》はない。

一、人心一和《じんしんいちわ》(16)は政治《せいじ》の最肝要事《さいかんようじ》(17)だ。

一、民《たみ》を富《と》まし、国《くに》を富《と》ますことを一日《にち》も忘《わす》れてはならない。

一、人間《にんげん》は愛憎《あいぞう》の念《ねん》にとらわれることを、極力警戒《きょくりょくけいかい》しなければならない。公平《こうへい》を欠《か》けば、目《め》が曇《くも》ってしまう。

また、斉彬《なりあきら》は春嶽《しゅんがく》や宇和島藩主《うわじまはんしゅ》の伊達宗城《だてむねなり》ら〝四賢侯《しけんこう》〟とともに、将軍継嗣《しょうぐんけいし》の問題《もんだい》が起《お》こると、養女《ようじょ》である十三代将軍徳川家定《だいしょうぐんとくがわいえさだ》の正室《せいしつ》・篤姫《あつひめ》（のち天璋院《てんしょういん》）にも協力《きょうりょく》させ、前水戸藩主《ぜんみとはんしゅ》（九代《だい》）・徳川斉昭《とくがわなりあき》の実子《じっし》である一橋慶喜《ひとつばしよしのぶ》の擁立《ようりつ》(18)を画策《かくさく》する。

しかし、安政《あんせい》五（一八五八）年《ねん》四月《がつ》、反対派《はんたいは》の井伊直弼《いいなおすけ》の大老就《たいろうしゅう》

(16)人心一和《じんしんいちわ》…世《よ》の人々《ひとびと》の気持《きも》ちが調和《ちょうわ》していること。
(17)肝要《かんよう》…とても重要《じゅうよう》なこと。
(18)擁立《ようりつ》…支持《しじ》して高《たか》い地位《ちい》につかせようとすること。

任《にん》、六月《がつ》の日米修好通商条約《にちべいしゅうこうつうしょうじょうやく》の締結《ていけつ》など、直弼《なおすけ》の強引《ごういん》さに一橋派《ひとつばしは》の企《くわだ》ては敗《やぶ》れ去《さ》る。

「ならば、武装上洛《ぶそうじょうらく》で事《こと》を決《けっ》するのみ」

斉彬《なりあきら》は天保山調練場《てんぽざんちょうれんじょう》（現《げん》・鹿児島県鹿児島市天保山町《かごしまけんかごしましてんぽざんちょう》）に洋式調練《ようしきちょうれん》を閲《えっ》し、薩摩藩兵《さつまはんぺい》をひきつれて上洛《じょうらく》、江戸《えど》まで進軍《しんぐん》することを決意《けつい》した。ところが操練《そうれん》をみた帰途《きと》に病《やまい》を得《え》て、七月《がつ》十六日《にち》に急逝《きゅうせい》してしまう。享年《きょうねん》五十（のち照國大明神《てるくにだいみょうじん》として神《かみ》と祀《まつ》られる）。

藩主在任《はんしゅざいにん》はわずかに、七年《ねん》にすぎなかった。しかし、彼《かれ》の真《しん》の偉大《いだい》さは、適材適所《てきざいてきしょ》に多《おお》くの人材《じんざい》を育《そだ》てたところにもあったように思《おも》われる。その育《そだ》てた藩士《はんし》たちが、やがて旧主《きゅうしゅ》の「遺志《いし》」をスローガンに、明治維新《めいじいしん》で主導的《しゅどうてき》な役割《やくわり》を担《にな》うことになる。

と同時《どうじ》に斉彬《なりあきら》は、そのさらなる先《さき》の展望《てんぼう》を、藩士《はんし》たちにも語《かた》っていなかった。筆者《ひっしゃ》はここに、西郷《さいごう》が当惑《とうわく》する明治維新《めいじいしん》の、限界《げんかい》が生《う》まれたと考《かんが》えている。

豆知識《まめちしき》①

日本《にほん》の国旗《こっき》「日《ひ》の丸《まる》」は斉彬《なりあきら》が定《さだ》めた!?

国旗《こっき》として、シンプルで覚《おぼ》えやすいデザインでありながら、非常《ひじょう》に印象《いんしょう》深《ぶか》い「白地《しろじ》に日《ひ》の丸《まる》」――これを定《さだ》めたのは、薩摩藩主《さつまはんしゅ》・島津斉彬《しまづなりあきら》であった。

嘉永《かえい》七（一八五四）年《ねん》三月《がつ》、日米和親《にちべいわしん》条約《じょうやく》の調印《ちょういん》により、外国船《がいこくせん》と日本船《にほんせん》を区《く》別《べつ》する印《しるし》が必要《ひつよう》となり、幕府《ばくふ》は「日本惣《にほんそう》船印《ふなじるし》」を、斉彬《なりあきら》に依頼《いらい》する。

斉彬《なりあきら》はこれを、期限《きげん》を切《き》って家臣《かしん》（伊《い》集院家《じゅういんけ》が有力《ゆうりょく》）に考《かんが》えさせた。その際《さい》、「毎朝桜島《まいあささくらじま》から昇《のぼ》る、日《ひ》の出《で》の美《うつく》しさをそちも存《ぞん》じておろう。あの美《うつく》しさ、力強《ちからづよ》さこそ、日本国《にほんこく》の惣船印《そうふなじるし》にふさわしい」と意見《いけん》を述《の》べた。

ところがこれが、簡単《かんたん》なようでいてなかなか難《むずか》しい。期限《きげん》ギリギリまで悩《なや》んだ家臣《かしん》は、とうとう「太陽《たいよう》が描《えが》いてあればよかろうか」と、件《くだん》の「白地《しろじ》に日《ひ》の丸《まる》」を描《えが》いて提出《ていしゅつ》したのである。

家臣《かしん》は叱《しか》られるかもと、恐《おそ》る恐《おそ》る提出《ていしゅつ》したのだが、それを見《み》た斉彬《なりあきら》は、

「むう……なるほど、白地《しろじ》に日《ひ》の丸《まる》か。これこそまさしく、『日出《ひい》ずる国《くに》』の惣《そう》船印《ふなじるし》にふさわしい！」

と感激《かんげき》して受《う》け取《と》り、幕府《ばくふ》は日本《にほん》の惣船《そうふな》印《じるし》にこれを採用《さいよう》した。

このシンプルすぎる絵柄《えがら》をはじめて見《み》た外国《がいこく》の外交官《がいこうかん》たちは当惑《とうわく》し、「一体《いったい》なぜこんなデザインに？」と、幕府《ばくふ》の役人《やくにん》にたずねた。成立《せいりつ》の事情《じじょう》を知《し》らない役人《やくにん》は苦《くる》し紛《まぎ》れに、「日出《ひい》ずる国《くに》の、日《ひ》の丸《まる》にて候《そうろう》」と返答《へんとう》したという。

明治新政府《めいじしんせいふ》もこのデザインを「事実上《じじつじょう》の国旗《こっき》」として採用《さいよう》。平成《へいせい》十一（一九九九）年《ねん》に、「国旗及《こっきおよ》び国歌《こっか》に関《かん》する法律《ほうりつ》」が施行《しこう》され、日《ひ》の丸《まる》は正式《せいしき》に日本《にほん》の国旗《こっき》となった。

ちなみにこのデザイン、全《まった》く先例《せんれい》がなかったわけではない。源平合戦《げんぺいがっせん》の時《とき》に、平家《へいけ》が「赤地《あかじ》に金丸《きんまる》」、源氏《げんじ》が「白地《しろじ》に赤丸《あかまる》」の旗《はた》を掲《かか》げて戦《たたか》っているので、島《しま》津《づ》の家臣《かしん》はこの歴史《れきし》の事例《じれい》を知《し》っていた可能性《かのうせい》もある（島津氏《しまづし》も徳川氏《とくがわし》も源氏《げんじ》）。

当初《とうしょ》は、そのシンプルさで海外《かいがい》の外交《がいこう》官《かん》を当惑《とうわく》させた日《ひ》の丸《まる》であったが、やがてそのデザインのシンプルさが讃《たた》えられるようになり、バングラディシュなどの新興国《しんこうこく》が、日《ひ》の丸《まる》を参考《さんこう》に国旗《こっき》を考《かんが》えた例《れい》もある。確《たし》かに、目立《めだ》つ。

豆知識《まめちしき》②

薩摩藩《さつまはん》を二分《にぶん》した、お由羅騒動《ゆらそうどう》とは?

幕末《ばくまつ》、薩摩藩《さつまはん》に起《お》きたお家騒動《いえそうどう》は、後世《こうせい》、「お由羅騒動《ゆらそうどう》」（別名《べつめい》・高崎崩《たかさきくず》れ）と呼《よ》ばれている。

この騒動《そうどう》は、藩主《はんしゅ》・島津斉興《しまづなりおき》が嫡子《ちゃくし》であり世子《せいし》でもある斉彬《なりあきら》に、家督《かとく》を譲《ゆず》ることを嫌《きら》い、側室《そくしつ》のお由羅《ゆら》が産《う》んだ五男《なん》・忠教《ただゆき》（のち久光《ひさみつ》）に、島津宗家《しまづそうけ》を相続《そうぞく》させようとしたことから起《お》きた。

斉彬《なりあきら》の近臣《きんしん》・山口不及《やまぐちふきゅう》（定救《さだすけ》）の残《のこ》した「覚之為書留置《おぼえのためかきとめおき》」と題《だい》する覚書《おぼえがき》によれば、二十一歳《さい》の斉彬《なりあきら》は幕閣《ばっかく》でも覚《おぼ》えめでたく、「大大名《だいだいみょう》ニハ惜《お》シキ人《ひと》ニテ候《そうろう》。アレヲ小身《しょうしん》ノ大名《だいみょう》ニシテ、御老中《ごろうじゅう》トナシ、天下《てんか》ノ国政《こくせい》ヲ掌《つかさど》ラセ申度事《もうしたきこと》ナリ」とまでの評判《ひょうばん》をとっていたという。

藩主斉興《はんしゅなりおき》が、わが子《こ》の才能《さいのう》を知《し》らぬはずはなかった。否《いな》、知《し》っていたからこそ、次期藩主《じきはんしゅ》の座《ざ》を譲《ゆず》ることに難色《なんしょく》を示《しめ》したのである。

斉彬《なりあきら》は斉興《なりおき》の祖父《そふ》・重豪《しげひで》に、よく似《に》ていた。進取《しんしゅ》の気性《きしょう》といい、西洋文明《せいようぶんめい》への憧《あこが》れにおいても。また、斉彬《なりあきら》は幼《おさな》い頃《ころ》、存命《ぞんめい》であった重豪《しげひで》に可愛《かわい》がられ、その膝下《ひざもと》で養育《よういく》された時期《じき》が長《なが》かった（重豪《しげひで》が死去《しきょ》したのは、斉彬《なりあきら》が二十五歳《さい》のとき）。

――悲劇《ひげき》は、ここから始《はじ》まった。

天文学的《てんもんがくてき》な借財《しゃくざい》を残《のこ》して、無責任《むせきにん》にも死去《しきょ》した重豪《しげひで》と、自分《じぶん》の次《つぎ》に藩主《はんしゅ》となるべき斉彬《なりあきら》が酷似《こくじ》している。この思《おも》いは、財政再建《ざいせいさいけん》に懸命《けんめい》に取《と》り組《く》んでいた斉興《なりおき》にとって、重大《じゅうだい》な問題《もんだい》であった。

しかし、斉彬《なりあきら》を慕《した》う藩士《はんし》の中《なか》からは、すでに定《さだ》まっている嫡子《ちゃくし》を廃《はい》するのはけしからん、殿《との》は愛妾《あいしょう》お由羅《ゆら》にたぶらかされておるのだ、と斉興《なりおき》を非難《ひなん》する者《もの》が出《で》る。さらに、そうした憶測《おくそく》に尾鰭《おひれ》がついて広《ひろ》がり、船奉行《ふなぶぎょう》・高崎五郎右衛門《たかさきごろうえもん》や町奉行《まちぶぎょう》・近藤隆左衛門《こんどうりゅうざえもん》を中心《ちゅうしん》とする、斉彬《なりあきら》擁立派《ようりつは》の人々《ひとびと》は頻繁《ひんぱん》に会合《かいごう》を催《もよお》し、やがてお由羅派《ゆらは》とみなされた島津将曹《しまづしょうそう》らを成敗《せいばい》しようと決議《けつぎ》した。

だが、藩主斉興《はんしゅなりおき》の意思《いし》を背景《はいけい》にした藩庁《はんちょう》は、そうした不穏《ふおん》な動《うご》きを、「臣分《しんぶん》の域《いき》を越《こ》えた所業《しょぎょう》」と裁断《さいだん》。嘉永《かえい》二（一八四九）年《ねん》十二月《がつ》、斉彬派《なりあきらは》の機先《きせん》を制《せい》して、首謀者《しゅぼうしゃ》たちに切腹《せっぷく》を命《めい》じ、死罪《しざい》十三名《めい》を含《ふく》む五十余名《よめい》の処分《しょぶん》を断行《だんこう》した。

ちなみに、斉彬《なりあきら》が藩主《はんしゅ》となったのはその二年後《ねんご》のことであった。

豆知識《まめちしき》③

名君《めいくん》・斉彬《なりあきら》の後継者《こうけいしゃ》〝国父《こくふ》〟・島津久光《しまづひさみつ》とは？

文久《ぶんきゅう》二（一八六二）年《ねん》三月《がつ》、〝国父《こくふ》〟として薩摩藩《さつまはん》の実権《じっけん》を握《にぎ》った島津久光《しまづひさみつ》は、藩兵《はんぺい》を武装上洛《ぶそうじょうらく》させ、朝廷《ちょうてい》と幕府《ばくふ》を調停《ちょうてい》して幕藩体制《ばくはんたいせい》を再編成《さいへんせい》しようとした。これは兄《あに》・斉彬《なりあきら》が企《くわだ》てた計画《けいかく》の、形《かたち》を変《か》えた実演《じつえん》といえなくもない。

西郷隆盛《さいごうたかもり》は上洛計画《じょうらくけいかく》を聞《き》き、「三郎《さぶろう》（久光《ひさみつ》）様《さま》はジゴロ（田舎者《いなかもの》）でごわす。荷《に》が勝《か》ちすぎというもの」と返答《へんとう》した。面《めん》とむかって言《い》われた久光《ひさみつ》にすれば、許《ゆる》し難《がた》い暴言《ぼうげん》であったが、彼《かれ》は西郷《さいごう》を登用《とうよう》している。

にもかかわらず、西郷《さいごう》は久光《ひさみつ》の命令《めいれい》を無視《むし》して動《うご》く。なぜか。西郷《さいごう》には久光《ひさみつ》に対《たい》する対抗意識《たいこういしき》があった。西郷《さいごう》は亡《な》き斉《なり》彬《あきら》のすべてを、自《みずか》らが独占《どくせん》したかったのかもしれない。

しかし、これは西郷《さいごう》の思《おも》い違《ちが》いである。西郷《さいごう》は斉彬《なりあきら》の愛弟子《まなでし》ではあったが、後継者《こうけいしゃ》ではなかった。斉彬《なりあきら》に後事《こうじ》を託《たく》されたのは、あくまで久光《ひさみつ》である。

明治維新百五十年《めいじいしんひゃくごじゅうねん》の研究成果《けんきゅうせいか》により、久光《ひさみつ》の評価《ひょうか》はいま、歴史学上《れきしがくじょう》で大《おお》いにあがっている。たとえば、これまで久光《ひさみつ》は命令《めいれい》に服《ふく》さない者《もの》は誰《だれ》であろうと、厳罰《げんばつ》に処《しょ》する陰険《いんけん》な人物《じんぶつ》と思《おも》われてきた。

その証左《しょうさ》が、寺田屋騒動《てらだやそうどう》であり、これによって多《おお》くの薩摩藩《さつまはん》の尊攘派《そんじょうは》の志士《しし》が斬《き》られた、といわれてきた。

しかし、それは史実《しじつ》ではなく、久光《ひさみつ》は「京都《きょうと》に滞在《たいざい》して浪士鎮撫《ろうしちんぶ》にあたれ」との勅命《ちょくめい》を奉《ほう》じて、文久《ぶんきゅう》二（一八六二）年《ねん》四月《がつ》十六日《にち》（十七日《にち》とも）、京都錦小路《きょうとにしきこうじ》にあった藩邸《はんてい》に入《はい》っていたのだ。

京都《きょうと》の寺田屋《てらだや》に集結《しゅうけつ》した尊攘派《そんじょうは》に対《たい》し、選《え》りすぐりの剣《けん》の使《つか》い手《て》を集《あつ》めた際《さい》、久光《ひさみつ》が「説得《せっとく》を聞《き》き入《い》れなければ、臨機《りんき》の処置《しょち》をとれ」と言《い》ったことも、最《さい》近《きん》は否定《ひてい》されている。

あくまで「勅命《ちょくめい》である」――こうして四月《がつ》二十三日《にち》、死闘《しとう》は行《おこな》われたのであった。直後《ちょくご》にも久光《ひさみつ》に、「以後《いご》、浪士鎮撫《ろうしちんぶ》に努《つと》めよ」との勅命《ちょくめい》が再《ふたた》び下《くだ》っている。

久光《ひさみつ》は日本《にほん》が欧米列強《おうべいれっきょう》の植民地《しょくみんち》になることを避《さ》けるべく、懸命《けんめい》に尽力《じんりょく》し、薩長《さっちょう》同盟《どうめい》も容認《ようにん》した。ただ、その後《ご》の時代《じだい》の流《なが》れが速《はや》く、激《はげ》しすぎて、一気《いっき》に廃藩置《はいはんち》県《けん》に進《すす》んでしまった。

これだけは予想外《よそうがい》であったようだ。

年表《ねんぴょう》

文化《ぶんか》六（1809）年《ねん》

九月《がつ》二十八日《にち》、島津斉彬《しまづなりあきら》、薩摩藩主《さつまはんしゅ》・斉興《なりおき》と正室《せいしつ》・周《かね》子《こ》の長男《ちょうなん》として、江戸《えど》の芝藩邸《しばはんてい》で生《う》まれる。幼名《ようみょう》は邦《くに》丸《まる》。

文化《ぶんか》十四（1817）年《ねん》

十月《がつ》二十四日《にじゅうよっか》、邦丸《くにまる》の異母弟《いぼてい》・普之進《かねのしん》（のちの島津久《しまづひさ》光《みつ》）、薩摩国《さつまのくに》（現《げん》・鹿児島県西部《かごしまけんせいぶ》）に生《う》まれる。母《はは》は斉《なり》興《おき》の側室《そくしつ》・お由羅《ゆら》。

文政《ぶんせい》四（1821）年《ねん》

三月四日《がつよっか》、邦丸《くにまる》、元服《げんぷく》して忠方《ただかた》と改名《かいめい》する。

文政《ぶんせい》七（1824）年《ねん》

八月《がつ》十六日《にち》、忠方《ただかた》の母《はは》・周子《かねこ》が死去《しきょ》。享年《きょうねん》、三十四。

十月《がつ》十五日《にち》、忠方《ただかた》、十一代将軍《だいしょうぐん》・徳川家斉《とくがわいえなり》に御目見《おめみえ》する。

十一月《がつ》二十一日《にち》、忠方《ただかた》、家斉《いえなり》から偏諱《へんき》・加冠《かかん》を受《う》け、斉《なり》彬《あきら》と改名《かいめい》する。

文政《ぶんせい》九（1826）年《ねん》

三月《がつ》、斉彬《なりあきら》の曾祖父《そうそふ》・島津重豪《しまづしげひで》、大森《おおもり》（現《げん》・東京都《とうきょうと》大《おお》田区《たく》）でドイツ人医師《じんいし》・シーボルトと会見《かいけん》する。

十一月《がつ》二十七日《にち》、斉彬《なりあきら》、一橋徳川家《ひとつばしとくがわけ》の徳川斉敦《とくがわなりあつ》の四女《じょ》・

英姫《ふさひめ》と結婚《けっこん》する。

文政《ぶんせい》十（１８２７）年《ねん》
十二月《がつ》、調所広郷《ずしょひろさと》、藩財政改革主任《はんざいせいかいかくしゅにん》に命《めい》じられる。

天保《てんぽう》四（１８３３）年《ねん》
正月《しょうがつ》十五日《にち》、斉彬《なりあきら》の曾祖父《そうそふ》・重豪《しげひで》が死去《しきょ》。享年《きょうねん》、八十九。

天保《てんぽう》六（１８３５）年《ねん》
四月《がつ》二十七日《にち》、斉彬《なりあきら》、江戸《えど》を発《た》ち鹿児島《かごしま》へ（六月《がつ》二十三日着《にちちゃく》。初《はつ》のお国入《くにい》り、翌天保《よくてんぽう》七〈１８３６〉年《ねん》まで）。
この年《とし》の冬《ふゆ》、調所広郷《ずしょひろさと》、三都《さんと》（江戸《えど》・京都《きょうと》・大坂《おおさか》）の藩《はん》債《さい》を二百《ひゃく》五十年賦《ねんぷ》（無利子《むりし》）償還《しょうかん》にすることを決《き》める。

天保《てんぽう》十一（１８４０）年《ねん》
この年《とし》、清国《しんこく》とイギリスの間《あいだ》に、アヘン戦争起《せんそうお》こる。

天保《てんぽう》十三（１８４２）年《ねん》
七月《がつ》、清国《しんこく》、イギリスと南京条約《ナンキンじょうやく》を締結《ていけつ》する（アヘン戦《せん》争終《そうお》わる）。
この年《とし》、斉彬《なりあきら》、『清国阿片戦争始末《しんこくアヘンせんそうしまつ》に関《かん》する聞書《ききがき》』を入手《にゅうしゅ》。

天保《てんぽう》十四（１８４３）年《ねん》
閏《うるう》九月《がつ》、阿部正弘《あべまさひろ》、老中《ろうじゅう》に就任《しゅうにん》する。

天保《てんぽう》十五（１８４４）年《ねん》
※十二月五日《がついつか》、弘化《こうか》に改元《かいげん》

三月《がつ》、フランス船《せん》が琉球《りゅうきゅう》（現《げん》・沖縄県《おきなわけん》）に来航《らいこう》し、開国《かいこく》を要求《ようきゅう》する。

弘化《こうか》三（１８４６）年《ねん》

四月《がつ》、イギリス船《せん》が琉球《りゅうきゅう》に来航《らいこう》し、開国《かいこく》を要求《ようきゅう》する。
五月《がつ》、フランス船《せん》が再《ふたた》び琉球《りゅうきゅう》に来航《らいこう》し、開国《かいこく》を要求《ようきゅう》する。
六月八日《がつようか》、斉彬《なりあきら》、幕府《ばくふ》の命令《めいれい》により、琉球問題解決《りゅうきゅうもんだいかいけつ》のため江戸《えど》を発《た》つ（七月《がつ》二十五日《にち》、鹿児島着《かごしまちゃく》）。

弘化《こうか》四（１８４７）年《ねん》

三月《がつ》十五日《にち》、斉彬《なりあきら》、鹿児島《かごしま》を発《た》ち、江戸《えど》へ（五月十日《がつとおか》着《ちゃく》）。
六月《がつ》二十二日《にち》、斉彬《なりあきら》、山口不及《やまぐちふきゅう》を隠密《おんみつ》に任命《にんめい》し、琉球《りゅうきゅう》や調所広郷《ずしょひろさと》派《は》の情報探索《じょうほうたんさく》を命《めい》じる。

嘉永元《かえいがん》（１８４８）年《ねん》

三月《がつ》二十九日《にち》、斉彬《なりあきら》、調所主導《ずしょしゅどう》の給地高《きゅうちだか》（軍役高《ぐんえきだか》）改正《かいせい》を批判《ひはん》し、調所一派《ずしょいっぱ》の排斥工作《はいせきこうさく》を強化《きょうか》する。
四月《がつ》、久光《ひさみつ》、家老座《かろうざ》に列《れっ》し、海防名代《かいぼうみょうだい》となる。
十二月《がつ》十八日《にち》、調所広郷《ずしょひろさと》、自害《じがい》。享年《きょうねん》、七十三。

嘉永《かえい》二（１８４９）年《ねん》

九月《がつ》、斉彬《なりあきら》、箕作阮甫《みつくりげんぽ》訳《やく》『水蒸船説略《すいじょうせんせつりゃく》』を入手《にゅうしゅ》する。
十二月三日《がつみっか》、藩主《はんしゅ》・斉興《なりおき》の後継者《こうけいしゃ》をめぐり、斉彬《なりあきら》派《は》と久光《ひさみつ》派《は》の対立《たいりつ》が激化《げきか》する（「お由羅騒動《ゆらそうどう》」、「高崎崩《たかさきくず》れ」とも）。

嘉永《かえい》四（1851）年《ねん》

二月二日《がつふつか》、藩主《はんしゅ》・斉興《なりおき》が隠居《いんきょ》。斉彬《なりあきら》が家督《かとく》を相続《そうぞく》し、藩主《はんしゅ》に就任《しゅうにん》する。

三月九日《がつここのか》、斉彬《なりあきら》、江戸《えど》を発《た》ち、鹿児島《かごしま》へ（五月八日着《がつようかちゃく》。藩主《はんしゅ》になって初《はつ》のお国入《くにい》り）。

七月《がつ》、斉彬《なりあきら》、アメリカより帰国《きこく》した土佐国《とさのくに》（現《げん》・高知県《こうちけん》）の漁民《ぎょみん》・中浜万次郎《なかはままんじろう》を鹿児島《かごしま》に留《とど》める。

十一月《がつ》、斉彬《なりあきら》、西目海岸《にしめかいがん》（現《げん》・鹿児島県阿久根市《かごしまけんあくねし》）の防備状況《ぼうびじょうきょう》を視察《しさつ》する。

嘉永《かえい》五（1852）年《ねん》

二月二十一日《がつにち》、斉彬《なりあきら》、吉野原《よしのばる》（現《げん》・鹿児島県鹿児島市《かごしまけんかごしまし》吉野《よしの》）で大演習《だいえんしゅう》を実施《じっし》する。

八月二十三日《がつにち》、斉彬《なりあきら》、鹿児島《かごしま》を発《た》ち、江戸《えど》へ（十月九日《がつここのか》着《ちゃく》）。

この年《とし》、斉彬《なりあきら》、精錬所《せいれんじょ》・溶鉱炉《ようこうろ》・反射炉《はんしゃろ》の建設《けんせつ》に着手《ちゃくしゅ》。

嘉永《かえい》六（1853）年《ねん》

三月一日《がつついたち》、斉彬《なりあきら》、島津忠剛《しまづただたけ》の娘《むすめ》・一子《かつこ》を養女《ようじょ》とする（同月十日《どうげつとおか》、一子《かつこ》、篤姫《あつひめ》と改名《かいめい》する）。

嘉永《かえい》七（1854）年《ねん》
※十一月《がつ》二十七日《にち》に安政《あんせい》に改元《かいげん》

五月二日《がつふつか》、斉彬《なりあきら》、江戸《えど》を発《た》ち、鹿児島《かごしま》へ（六月《がつ》二十二日《にち》着《ちゃく》）。
六月九日《がつここのか》、幕府《ばくふ》、相模国《さがみのくに》久里浜《くりはま》（現《げん》・神奈川県《かながわけん》横須賀市《よこすかし》）にて、ペリーよりアメリカ大統領《だいとうりょう》フィルモアの国書《こくしょ》を受《う》け取《と》る。
七月《がつ》二十九日《にち》、斉彬《なりあきら》、幕府《ばくふ》に海防建言書《かいぼうけんげんしょ》を提出《ていしゅつ》する。
同月《どうげつ》、斉彬《なりあきら》、祇園之洲《ぎおんのす》埋立地《うめたてち》（現《げん》・鹿児島県鹿児島市《かごしまけんかごしまし》清水町《しみずちょう》）に砲台《ほうだい》を建設《けんせつ》する。
八月《がつ》十九日《にち》、斉彬《なりあきら》、幕府《ばくふ》に軍艦《ぐんかん》の建造《けんぞう》、軍事必要品《ぐんじひつようひん》の購入願《こうにゅうねがい》を提出《ていしゅつ》する。
九月《がつ》十五日《にち》、幕府《ばくふ》、大船建造《おおぶねけんぞう》の解禁令《かいきんれい》を出《だ》す。
十一月《がつ》から十二月《がつ》にかけて、斉彬《なりあきら》、東目《ひがしめ》（現《げん》・大隅《おおすみ》、日向《ひゅうが》）地方《ちほう》を巡視《じゅんし》する。

正月《しょうがつ》二十一日《にち》、斉彬《なりあきら》、鹿児島《かごしま》を発《た》ち、江戸《えど》へ（三月六日《がつむいか》着《ちゃく》。このとき、西郷吉之助《さいごうきちのすけ》〈のち隆盛《たかもり》〉が同行《どうこう》する）。
三月三日《がつみっか》、幕府《ばくふ》、日米和親条約《にちべいわしんじょうやく》を締結《ていけつ》する。
七月九日《がつここのか》、幕府《ばくふ》、斉彬《なりあきら》の建議《けんぎ》により、日《ひ》の丸《まる》を「日本国総船印《にほんこくそうふなじるし》」に制定《せいてい》する。
十二月《がつ》、薩摩藩《さつまはん》建造《けんぞう》の洋式軍艦《ようしきぐんかん》「昇平丸《しょうへいまる》」が完成《かんせい》する。

安政《あんせい》二（1855）年《ねん》

三月《がつ》十八日《にち》、「昇平丸《しょうへいまる》」、江戸《えど》着《ちゃく》。このとき、十三代将《だいしょう》軍《ぐん》・家定《いえさだ》ほか、老中《ろうじゅう》や諸大名《しょだいみょう》らが見学《けんがく》に訪《おとず》れる。

八月《がつ》十三日《にち》、斉彬《なりあきら》、「昇平丸《しょうへいまる》」を幕府《ばくふ》に献上《けんじょう》する。

同月《どうげつ》、斉彬《なりあきら》、国産初《こくさんはつ》の蒸気船《じょうきせん》「雲行丸《うんこうまる》」の試運転《しうんてん》に成功《せいこう》。

十月二日《がつふつか》、江戸《えど》で起《お》きた安政《あんせい》の大地震《おおじしん》で、薩摩藩《さつまはん》の芝藩邸《しばはんてい》が大損害《だいそんがい》を受《う》ける（以後《いご》、渋谷藩邸《しぶやはんてい》に移《うつ》る）。

この月《つき》、幕府《ばくふ》、長崎《ながさき》に海軍伝習所《かいぐんでんしゅうじょ》を創設《そうせつ》する。

安政《あんせい》三（1856）年《ねん》

正月《しょうがつ》、斉彬《なりあきら》、水軍隊《すいぐんたい》（海軍《かいぐん》）創設《そうせつ》を布告《ふこく》する。

二月《がつ》、斉彬《なりあきら》に、老中《ろうじゅう》・阿部正弘《あべまさひろ》より将軍《しょうぐん》・家定《いえさだ》と篤姫《あつひめ》の縁組決定《えんぐみけってい》が内達《ないたつ》される。

七月《がつ》、篤姫《あつひめ》、右大臣《うだいじん》・近衛忠煕《このえただひろ》の養女《ようじょ》となる。

同月《どうげつ》二十一日《にち》、アメリカ駐日総領事《ちゅうにちそうりょうじ》ハリス、下田《しもだ》に来航《らいこう》。

十月《がつ》、斉彬《なりあきら》、磯《いそ》（現《げん》・鹿児島市吉野町《かごしましよしのちょう》）で大規模《だいきぼ》なガラス製造《せいぞう》を開始《かいし》する。

十二月《がつ》、将軍《しょうぐん》・家定《いえさだ》と篤姫《あつひめ》の婚礼《こんれい》が執《と》り行《おこな》われる。

安政《あんせい》四（1857）年《ねん》

二月《がつ》十五日《にち》、斉彬《なりあきら》、登城時《とじょうじ》、大廊下詰《おおろうかづめ》を命《めい》じられる。

三月《がつ》二十七日《にち》、斉彬《なりあきら》、一橋慶喜《ひとつばしよしのぶ》と初《はじ》めて会見《かいけん》する。

安政《あんせい》五（1858）年《ねん》

四月三日《がつみっか》、斉彬《なりあきら》、江戸《えど》を発《た》ち、鹿児島《かごしま》へ（五月二十四日《がつにじゅうよっか》着《ちゃく》）。
閏《うるう》五月《がつ》十六日《にち》、斉彬《なりあきら》、磯《いそ》で反射炉《はんしゃろ》などを視察《しさつ》する。
六月《がつ》十七日《にち》、老中《ろうじゅう》・阿部正弘《あべまさひろ》が死去《しきょ》。享年《きょうねん》、三十九。
七月二十四日《がつにじゅうよっか》、斉彬《なりあきら》、市来四郎《いちきしろう》に琉球渡航《りゅうきゅうとこう》を命《めい》じ、琉《りゅう》球開港準備《きゅうかいこうじゅんび》の密命《みつめい》を与《あた》える。
八月《がつ》、斉彬《なりあきら》、磯《いそ》の洋式工場群《ようしきこうじょうぐん》を集成館《しゅうせいかん》、鶴丸《つるまる》（鹿児島《かごしま》）城内《じょうない》の花園製錬所《はなぞのせいれんじょ》を開物館《かいぶつかん》と命名《めいめい》する。
九月《がつ》十七日《にち》、斉彬《なりあきら》、肖像写真《しょうぞうしゃしん》を撮影《さつえい》する。
十月《がつ》二十一日《にち》、ハリス、江戸城《えどじょう》に登城《とじょう》して将軍《しょうぐん》・家定《いえさだ》にアメリカ大統領《だいとうりょう》ピアースの親書《しんしょ》を提出《ていしゅつ》する。
同月《どうげつ》、斉彬《なりあきら》、越前福井藩主《えちぜんふくいはんしゅ》・松平慶永《まつだいらよしなが》（号《ごう》して春嶽《しゅんがく》）の一橋慶喜擁立運動《ひとつばしよしのぶようりつうんどう》に協力《きょうりょく》させるため、西郷吉之助《さいごうきちのすけ》を江《え》戸《ど》へ送《おく》る。
十二月《がつ》二十五日《にち》、斉彬《なりあきら》、幕府《ばくふ》に建白書《けんぱくしょ》を提出《ていしゅつ》し、通商《つうしょう》許可《きょか》、慶喜《よしのぶ》を将軍継嗣《しょうぐんけいし》にすることなどを進言《しんげん》する。

正月六日《しょうがつむいか》、斉彬《なりあきら》、左大臣《さだいじん》・近衛忠熙《このえただひろ》と内大臣《ないだいじん》・三条実《さんじょうさね》万《つむ》に対《たい》し、慶喜擁立《よしのぶようりつ》の内勅降下《ないちょくこうか》を願《ねが》い出《で》る。
同月《どうげつ》二十一日《にち》（八日説《ようかせつ》あり）、老中《ろうじゅう》・堀田正睦《ほったまさよし》、勅許《ちょっきょ》を

求《もと》めて京都《きょうと》へ向《む》かう。
三月《がつ》十五日《にち》、幕府《ばくふ》海軍《かいぐん》の軍艦《ぐんかん》「ヤパン号《ごう》（のち改称《かいしょう》して咸臨丸《かんりんまる》）」、山川《やまかわ》（現《げん》・鹿児島県指宿市《かごしまけんいぶすきし》）に入港《にゅうこう》する。
同月《どうげつ》十六日《にち》、斉彬《なりあきら》、「ヤパン号《ごう》」を視察《しさつ》し、幕臣《ばくしん》・勝海舟《かつかいしゅう》や、オランダの海軍士官《かいぐんしかん》・カッテンディーケと会談《かいだん》する。
同月《どうげつ》二十日《はつか》、孝明天皇《こうめいてんのう》、条約調印拒否《じょうやくちょういんきょひ》の勅答《ちょくとう》を堀田正睦《ほったまさよし》に与《あた》える。
四月《がつ》二十三日《にち》、井伊直弼《いいなおすけ》が大老《たいろう》に就任《しゅうにん》する。
五月《がつ》十三日《にち》、「ヤパン号《ごう》」、鹿児島《かごしま》に入港《にゅうこう》する。
同月十四日《どうげつじゅうよっか》、勝海舟《かつかいしゅう》ら、集成館《しゅうせいかん》を視察《しさつ》する。
同月《どうげつ》二十八日《にち》、斉彬《なりあきら》、幕府《ばくふ》に建白書《けんぱくしょ》を提出《ていしゅつ》し、条約締結《じょうやくていけつ》を建言《けんげん》する。
六月《がつ》十九日《にち》、幕府《ばくふ》、日米修好通商条約《にちべいしゅうこうつうしょうじょうやく》を締結《ていけつ》する。
同月《どうげつ》二十五日《にち》、幕府《ばくふ》、紀州藩主《きしゅうはんしゅ》・徳川慶福《とくがわよしとみ》（のち家茂《いえもち》）を、将軍《しょうぐん》・家定《いえさだ》の継嗣《けいし》に決定《けってい》する。
七月五日《がついつか》、幕府《ばくふ》、前水戸藩主《ぜんみとはんしゅ》・徳川斉昭《とくがわなりあき》に謹慎《きんしん》、松平慶永《まつだいらよしなが》らに隠居《いんきょ》・謹慎《きんしん》を命《めい》じる。
七月八日《がつようか》、斉彬《なりあきら》、調練場《ちょうれんじょう》で藩士《はんし》の調練《ちょうれん》を指揮《しき》する。
同月九日《どうげつここのか》、斉彬《なりあきら》、病《やまい》に倒《たお》れる。
同月《どうげつ》十六日《にち》、斉彬《なりあきら》が死去《しきょ》。享年《きょうねん》、五十。

参考文献《さんこうぶんけん》

人物叢書　島津斉彬　芳即正著　吉川弘文館
中公文庫　島津斉彬公伝　池田俊彦著　中央公論社
岩波文庫　島津斉彬言行録　島津斉彬著　市来四郎編　岩波書店
島津斉彬のすべて　村野守治編　新人物往来社
幕末維新 まさかの深層 明治維新一五〇年は日本を救ったのか　加来耕三著　さくら舎
潮新書　西郷隆盛 100 の言葉　加来耕三著　潮出版社
『南洲翁遺訓』に訊く――西郷隆盛のことば　加来耕三著　河出書房新社
講談社文庫　天璋院篤姫と大奥の女たちの謎〈徹底検証〉　加来耕三著　講談社
西郷隆盛と薩摩士道　加来耕三著　高城書房
尚古集成館　尚古集成館編　尚古集成館
島津斉彬 ～大海原に夢を抱いた殿様～　尚古集成館編　尚古集成館
―図録 薩摩のモノづくり― 島津斉彬の集成館事業　尚古集成館編　尚古集成館
歴史群像シリーズ　図説 薩摩の群像 鎌倉武士から幕末・維新まで時代をかけ抜けた男たち　学研マーケティング

著者略歴

加来耕三：企画・構成・監修

歴史家・作家。1958 年、大阪府大阪市生まれ。1981 年、奈良大学文学部史学科卒業。主な著書に、『卑弥呼のサラダ 水戸黄門のラーメン 「食」から読みとく日本史』、『財閥を築いた男たち』、『徳川三代記』、『if の日本史「もしも」で見えてくる、歴史の可能性』、『上杉謙信』、『直江兼続』（すべてポプラ社）、『歴史に学ぶ自己再生の理論』（論創社）、『西郷隆盛 100 の言葉』（潮出版社）などがある。「コミック版 日本の歴史シリーズ」（ポプラ社）の企画・構成・監修やテレビ・ラジオ番組の監修・出演も少なくない。

水谷俊樹：原作

作家。1979 年、三重県尾鷲市生まれ。2001 年、大阪コミュニケーションアート専門学校卒業後、（株）加来耕三事務所勤務のかたわら執筆活動を開始し、2008 年に独立する。主な作品に、『壬生狼ＦＩＬＥ』（朝日ソノラマ）、『ＣＤ付「朗読少女」とあらすじで読む日本史』（中経出版）のほか、『幕末・維新人物伝 大久保利通』（ポプラ社「コミック版 日本の歴史シリーズ」原作）、『曹操』『孫権と周瑜』（ポプラ社「コミック版三国志英雄伝シリーズ」原作）など。共著に『総図解よくわかる日本史』（新人物往来社）などがある。

中島健志：作画

福岡県福岡市生まれ。九州産業大学卒業。1988 年、『コミックアフタヌーン３月号』（講談社）に「中尉殿の飛燕」（'87 冬期賞受賞作）が掲載され、漫画家としてデビュー。主な作品に「コミック版 日本の歴史シリーズ」（ポプラ社）、『くまもとの歴史① 加藤清正と小西行長 前編』『くまもとの歴史② 加藤清正と小西行長 後編』（ともに熊本県教科書供給所）、電子書籍『短編作品集１戦国時代』『短編作品集２近代』（Kindle ほか）などがある。

コミック版 日本の歴史62
幕末・維新人物伝
島津斉彬

2018年2月　第1刷
2023年10月　第4刷

企画・構成・監修　加来耕三《かくこうぞう》
原　　　作　水谷俊樹《みずたにとしき》
作　　　画　中島健志《なかしまたけし》

カバーデザイン　竹内亮輔＋梅田裕一〔crazy force〕

発　行　者　千葉 均
編　　　集　森田礼子
発　行　所　株式会社ポプラ社
〒102-8519　東京都千代田区麹町4-2-6
URL　www.poplar.co.jp
印　刷　所　今井印刷株式会社
製　本　所　島田製本株式会社
電 植 製 版　株式会社オノ・エーワン

ISBN978-4-591-15702-2 N.D.C.289 127p 22cm　Printed in Japan

P7047062